大展好書　好書大展
品嘗好書　冠群可期

大展好書　好書大展
品嘗好書　冠群可期

鑑往知來 3

陳羲 主編

『論語』給現代人的啟示

大展出版社有限公司

前言

在二十一世紀來臨的今天，我們所面臨的，是一個急遽變化的時代。世界固然如此，就是我們的國家、商場、家庭和一般人的日常生活，也莫不隨著而有了很大的改變，因為這樣，更導致人們價值觀的不同，這些改變來得如此迅速而劇烈，所以在人與人相處的人際關係上，造成了難以調適的困難。

對這樣的情形，我們該採取什麼因應措施，才能使自己能有個圓通、順利的人生呢？我們以為古籍將能為我們提供許多資訊和答案。

所謂「鑑往知來」，即明識往事，可以推知未來。例如，我們閱讀史書，多識古事，可以鑑往知來，有助於做人、做事，甚至為政治國。

在古籍裡，無論歷史著作、文學作品、哲學思想、處世訓誡，或兵法，都是經過激烈的政治環境的變化過程而完成的，因此，書中的人物透過作者的文筆，呈現出來的思想，是很可以作為我們參考的。何況，這些古籍都經過悠久歷史的考驗，而被流傳下來，自然最能為我們提供適應生存與變化的學問。

另外，古籍作品的可貴在於，在這些著作裡，它雖然表現出彈性的風貌，以期能適應中國長期以來政治變化多且大的環境，但是，在這些著作的精神裡層，每一部不同的書籍，都還保持著它們自己的主觀性的個性。

對現代的人們而言，我們所要探討的主題之一，是有關於心的問題。

……被周圍物質環境所包圍的空虛的心。

……很難再以合理的方式去抓住人們的心。

生活在今天的社會，雖然物質生活不虞匱乏，但是，許多人多多少少曾遭遇過有關心靈的問題。而在這一方面，古籍是能有所幫助的。因為，時代、社會制度雖然在改變，然而人的心靈卻終究是不大有變化的，而古籍卻能幫助我們透徹的了解到心的深處。

這就是為什麼在醫藥如此發達的現代，而中國醫藥的方法仍被世人重視的原因。中國的醫藥重於改變體質，可以使現代醫學難以治療的慢性病痊癒。我們以為，古籍也能將現代人有病的心，予以治癒。

這套叢書就是以這樣的觀點，將歷史、思想、文學等古典作品集合起來，希望給現代社會帶來一些貢獻。

古籍相當繁多，我們擇取與現代社會有關的作品，並從此作品中選出意義較深的名言，加以解釋和說明，這也可以說是抽取精義的一種作法。

經歷了數百年，甚至數千年考驗的先人的遺產，若對今日社會人心的智慧有所啟發。或以之作為人生的指南針，為人們帶來些心靈的安靜，或對諸位有任何幫助，這是本叢書出版者最高興和光榮的事。

編著群

目錄

前言……三
解題……一三
一、冠雄雞佩猳豚……一九
二、身穿緼袍心懷錦繡……二〇
三、讚美時的幽默……二一
四、用舍行藏和暴虎馮河……二二
五、勇當合於義……二三
六、祭必已親，勇必為義……二四
七、守禮不求媚於人……二五
八、不道無益之語……二六
九、不諂求於鬼神……二七
十、二三子和家臣……二八
十一、因材施教……二九
十二、事君之道……三〇
十三、為政先施德澤……三一
十四、學而優則仕……三二
十五、升堂矣求入室……三三
十六、子路有明斷篤信之德……三四
十七、冥冥之中的決定……三五
十八、貧而無諂未若富而好禮……三六
十九、瑚璉之器……三七
二十、聞一以知二……三八
二十一、子貢方人……三九
二十二、過猶不及……四〇
二十三、不恥下問……四一

二十四、子貢讚美孔子之德……四二
二十五、夫子之牆數仞……四三
二十六、孔子之德如日月……四四
二十七、聖人無常師……四五
二十八、不知老之將至……四六
二十九、三人行必有我師……四七
三　十、君子之過似日月之食……四八
三十一、文質不宜偏廢……四九
三十二、文質彬彬……五〇
三十三、聖賢所厭惡的人……五一
三十四、君子惡君下流……五二
三十五、察善惡者之道……五三
三十六、孔子評顏回和子貢……五四
三十七、回也不愚……五五
三十八、回非助我者……五六
三十九、顏回安貧樂道……五七
四　十、顏回讚歎聖道……五八
四十一、孔子與弟子言志……六〇
四十二、孔子畏於匡……六一
四十三、白髮送黑髮……六二
四十四、天喪予……六四
四十五、孔子悲痛顏回之死……六五
四十六、孔子阻止門人厚葬顏回……六六
四十七、稱許顏回好學……六七
四十八、歎顏淵早夭……六八
四十九、閔子騫不為季氏宰……六九
五　十、閔子騫的孝行……七〇
五十一、閔子騫不妄言……七一
五十二、不汲汲於仕途……七二
五十三、冉雍仁而不佞……七三
五十四、冉雍可以做南面之至……七四
五十五、居簡行簡則太簡……七五

五十六、犁牛之子……………………………七六
五十七、冉伯牛有德卻遇惡疾……………七七
五十八、既往不咎…………………………七八
五十九、宰予晝寢…………………………七九
六　十、仁者不昧於事理…………………八〇
六十一、守父母之喪三年…………………八一
六十二、孔子從恭儉而擇禮………………八二
六十三、我愛其禮…………………………八三
六十四、季氏僭禮祭泰山之神……………八四
六十五、小子鳴鼓而攻之可也……………八五
六十六、君子濟貧不繼富…………………八六
六十七、勉人力學不可畫地自限…………八七
六十八、縱虎歸山誰之過…………………八八
六十九、不患寡而患不均…………………九〇
七　十、先進後進…………………………九二
七十一、孔子四科十哲……………………九三
七十二、割雞焉用牛刀……………………九四
七十三、不走捷徑的人……………………九五
七十四、事君交友之道……………………九六
七十五、小節未盡善亦無妨………………九七
七十六、子張論與人結交…………………九八
七十七、繪事後素…………………………一〇〇
七十八、四海之內皆兄弟…………………一〇一
七十九、知人為仁…………………………一〇二
八　十、賢賢易色…………………………一〇四
八十一、學與仕……………………………一〇五
八十二、以誠信使民事君…………………一〇六
八十三、小道可觀但不足以成德…………一〇七
八十四、君子有三變………………………一〇八
八十五、子游和曾子評論子張……………一〇九
八十六、仁之難成…………………………一一〇
八十七、求祿之法…………………………一一二

八十八、子張書諸紳……………………一一三
八十九、導樂師之禮……………………一一四
九　十、十世可知………………………一一五
九十一、三省吾身………………………一一六
九十二、曾子的戒謹……………………一一七
九十三、曾子遺言………………………一一八
九十四、曾子的孝道觀…………………一一九
九十五、曾子稱讚顏回的美德…………一二〇
九十六、君子的德行……………………一二一
九十七、任重道遠的士…………………一二二
九十八、要哀矜而勿喜…………………一二三
九十九、盡心於親喪……………………一二四
一〇〇、孔子的女婿……………………一二五
一〇一、克制私慾………………………一二六
一〇二、己所不欲，勿施於人…………一二七
一〇三、恕………………………………一二八
一〇四、吾道一以貫之…………………一二九
一〇五、學與道仍當一貫………………一三〇
一〇六、子貢之志………………………一三一
一〇七、己立立人，己達達人…………一三二
一〇八、工欲善其事，必先利其器……一三三
一〇九、仁者其言也忍…………………一三四
一一〇、敬鬼神而遠之…………………一三五
一一一、仁者之行………………………一三六
一一二、恭寬信敏惠為五行……………一三七
一一三、管仲之力………………………一三八
一一四、造次顛沛………………………一三九
一一五、世人不知所以為仁之方………一四〇
一一六、求仁不難………………………一四一
一一七、里仁為美………………………一四二
一一八、觀過知仁………………………一四三
一一九、人當有常德……………………一四四

一二〇、浸潤之譖，膚受之愬……一四五
一二一、無違之孝……一四六
一二二、敬之孝……一四七
一二三、斗筲之人，何足算也……一四八
一二四、使者之德……一四九
一二五、士之德行……一五〇
一二六、見小利大事不成……一五二
一二七、治國之法……一五三
一二八、為政在舉賢才……一五四
一二九、公叔文子之德……一五五
一三〇、勉人舉賢……一五六
一三一、民無信不立……一五七
一三二、大車無輗……一五八
一三三、治民以教……一五九
一三四、為君之難……一六〇
一三五、事君子與小人的不同……一六一
一三六、不以言舉人，不以言廢人……一六二
一三七、風行草偃……一六三
一三八、吾不如老圃……一六四
一三九、仁之難……一六五
一四〇、子路、子貢、冉有各有其才……一六六
一四一、不弒君……一六七
一四二、十有五而志於學……一六八
一四三、三十而立……一六九
一四四、孔子自謙為御者……一七〇
一四五、君子之爭……一七一
一四六、束脩……一七二
一四七、君君、臣臣、父父、子子……一七三
一四八、孔子失所離開齊……一七四
一四九、孔子讚美晏平仲……一七五
一五〇、三月不知肉味……一七六
一五一、孔子與人合唱……一七七

一五二、四十而不惑……………………一七八
一五三、邦無道……………………一七九
一五四、懷德應救世……………………一八〇
一五五、何謂恥……………………一八二
一五六、五十而知天命……………………一八三
一五七、孔子想興周道……………………一八四
一五八、匡之難……………………一八五
一五九、孔子不能在魯行道之因……………………一八六
一六〇、子見南子……………………一八八
一六一、好德和好色……………………一八九
一六二、天生德於予……………………一九〇
一六三、三年有成……………………一九一
一六四、吾豈匏瓜也哉……………………一九二
一六五、有美玉於斯……………………一九三
一六六、荷蕢隱者之言……………………一九四
一六七、孔子自謂求學軍旅之事……………………一九五
一六八、求仁而得仁，又何怨……………………一九六
一六九、必也正名乎……………………一九七
一七〇、六十而耳順……………………一九八
一七一、吾黨小子狂簡……………………一九九
一七二、鳥獸不可與同群……………………二〇〇
一七三、孰為夫子……………………二〇二
一七四、小人窮斯濫矣……………………二〇三
一七五、何為則民服……………………二〇四
一七六、七十而從心所欲……………………二〇五
一七七、君子遠其子……………………二〇六
一七八、關雎樂而不淫……………………二〇七
一七九、詩的效用……………………二〇八
一八〇、不讀詩，無以言……………………二〇九
一八一、詩的應用……………………二一〇
一八二、子奚不為政……………………二一一
一八三、脫俗的志向……………………二一二

一八四、吾不復夢見周公……二一四
一八五、隱棲的內心……二一五
一八六、乘桴浮於海……二一六
一八七、道不同，不相為謀……二一七
一八八、如不可求，從吾從好……二一八
一八九、富貴如浮雲……二一九
一九〇、處處有忠信者……二二〇
一九一、罔和殆……二二一
一九二、孔子自白不妄作……二二二
一九三、溫故知新……二二三
一九四、道聽塗說……二二四
一九五、舉一隅不以三隅反……二二五
一九六、學問求知，必虛心盡力……二二六
一九七、聖與仁，則吾豈敢……二二七
一九八、天何言哉……二二八
一九九、後生可畏……二二九
二〇〇、學而時習之……二三〇

解　題

論語的性質

在論語這一本書中出現的人物很多，除孔子之外，有孔子的許多弟子、齊、陳、衛、楚、魯等國的國君、大臣及賢士、隱者，甚至還有些知名的村里之人，連孔子兒子幼年時代的朋友，也曾在書中出現。

這些人物，有的自始至終是書中的常客，有的只露了一次面，就全本『論語』來看，扮演著與臨時演員一樣的角色。

除了人物多，為『論語』中的特色之外，而且每一個人物各具自己的人格、個性。或也可以說，透過一章一章的對話，已充份凸顯了那些人物，使他們有了鮮活的生命。不僅如此，論語這本書，更是採取了各種各樣的問題，來展開討論。

這書的中心話題之一是有關「仁」的討論。在論及仁的意義時，孔子用以答覆顏回的答案，只適用於顏回，而在答覆子路時，就用了只適合於子路的答案。

孔子對不同的弟子，給予不同的指導和訓誡，這是多麼令人驚異啊！更不止於此，論語書中，孔子的每一個弟子，如子貢有他獨特的講話語氣；子路也有他不同於其他弟子的神態，其他眾多弟子，莫不如此，而彼此之間是絕不混亂的。

像這樣的情形，如果是出身某人的著作，經過一番慎重的處理，自然是有可能的，但是，『論語』是經過了一段很長的時間，經過很多人的手所編纂而成的，竟然也呈現出人物的多樣性，是很不可思議的。

論語是像這樣，以多種多樣的人物，多種多樣的主題，且沒有什麼順序，彷彿是任意排列的，所以，讀者可以從任何地方開始去看這本書，而且翻看其中的任何一頁，都不致有不能繼續下去的困擾，使讀者有充分閱讀的自由。

由多樣的人物和主題，隨意的排列，這些性質組成了論語這本書，所以，當你讀這本書，有如品嚐一道「什錦大拼盤」，這是其他古典書籍所沒有的特徵，也是論語具有吸引力的地方。

論語的構成

雖然論語的內容有如大拼盤般的五花八門，但並不是說它的內容雜亂，在基本的論調上是有其統一性的，這個統一乃是以孔子為中心。

在『論語』中，孔子和他的弟子彷彿形成了一個水系，在這個水系裡，有子路之河、子貢之河、顏回之河……等大大小小的河流，孔子則是浩瀚的海洋，大小的河流最後都匯集到海洋中去了；因此，使整本的論語在錯綜的人物和主題裡有著統一性。反過來說，論語中的這些支流，也透過了孔子的過濾和包容，才能使之成為具有自己面貌的河流。我們讀論語，除了看見呈現在眼前的海洋外，更不可忽視了那些匯集而來的大小河川。

所以在本書中，前面以孔子的弟子為主，藉著他們的言談對話，將有特殊能力的弟子顯現出來，看他們如何將問題投向孔子，而孔子又如何來回答他們。這樣一來，也許會將這道拼盤的味道弄壞，但透過這樣的重新構成，說不定更可以看出孔子的偉大來。

在後段部份，把孔子和弟子所討論的重要題目提出來，其中最重要的是：「仁」。人要做得像人，則仁是不可或缺的，孔子是第一個提出如此看法的人，在他之前沒有人如此說過。

孔子的弟子，有時會以好奇或懷疑的態度來討論仁的問題。仁可說是整本論語的中心，其次是「政」。政就是政治，論語裡所討論的政，是指做一個政府官員，所要具備的修業和品德。論語和弟子們，都是「士」，士在當時的社會地位，列於農、工、商之上，因此，負有領導百姓的任務。弟子們為了要學做一個士，所以，請求孔子指導們的德業。當修業結束，做為士的人，唯一的途徑就是尋求仕宦的機會，從事政治行政。

孔子的弟子中，有很多到魯國或其他的諸侯國去就職，這樣一來，孔子的弟子以老師為中心，形成了一個智囊團，而這個智囊團多少擔負了一些引導當時社會的功能。

在最後的部份，是從孔子的言論去追蹤孔子生活的型態，透過孔子的言行，可將孔子的生活具體地陳述出來。在這一部份，可以作為我們參考的是史記的孔子世家。雖然，司馬遷以論語為主要根據，再參考了當時的一些史料文獻，寫成此一孔子的傳記。

後代的學者卻指出孔子世家記述有不完備的地方，不過，關於孔子的傳記，並沒有其他的資料可以代替，而且基本上，孔子事蹟的記載也沒有什麼變動，所以，孔子世家不失為可以對照來看的史料。

本書是從『論語』全部的五百章中，採用了將近半數的章節，而依上面所說的方式，加以組織而成。

論語的成書

『論語』是由下面的二十篇所構成。

第一學而、第二為政、第三八佾、第四里仁、第五公冶長、第六雍也、第七述而、第八泰伯、第九子罕、第十鄉黨、第十一先進、第十二顏淵、第十三子路、第十四憲問、第十五衛靈公、第十六季氏、第十七陽貨、第十八微子、第十九子張、第二十堯曰。

這些篇名都是以該篇第一章前面的二或三個字構成。如第一篇的「學而」是以「子曰：學而時習之……」這一章，除去「子曰」，而以最初的「學而」二字作為篇名。這種篇名的取法，似乎暗示著各篇的主題並不連貫。也許，如八佾篇裡有關禮的章節較多；公冶長篇中以人物較為醒目，似乎有這樣的傾向，但是，從論語全書的整體上去觀察，是看不出在編輯時有這樣意圖的。

不過在全書的二十篇中，前面的十篇和後面的十篇，在技巧上，顯然是不太相同的。如前面十篇，孔子說話都以「子曰」表示，到了後半部，卻出現了「孔子曰」的情形；又，和前半相比，後半則是以「曾子曰」「子夏曰」這樣型態的弟子言論較多；而且在後半，一條一條的敘述，過於整齊的情形比較多，諸如此類，我們似乎可以判斷：前半是較早被記錄編纂下來，後半則是時間較晚才成的。

『論語』的成書到底在什麼時候？傳說是在戰國時代末期（西元前三世紀）以前，大部份的內容可能已編輯完成。而其中的一種本子傳到魯國，後人謂之魯論；另一種本子傳到齊國，後人謂之齊論；漢代時，孔安國壞孔子宅，從孔子壁中又得到一種論語，後人謂之為古論，而將前面的兩種合稱為今文論語。

古論和今文論語的篇數不同。漢代將這二種論語互相參考，再加編輯的結果，就是今天我們所見論語的面目。

一、冠雄雞佩猳豚

子路有聞、未之能行、唯恐有聞。（公冶長）

子路自從拜孔子為師後，如果聽到了一項好的道理，還沒能做到，就唯恐又聽到另外的道理。

子路姓仲，名由，子路是他的字。比孔子小九歲，所以，大致是和孔子同一時代的人。在孔子弟子中是屬於年紀較長的一個，和孔子一樣，都是出生於魯國。

『史記』的仲尼弟子列傳中描寫子路為：個性粗鄙，好逞勇氣，為人伉直。頭上戴插了雄雞毛的帽子，腰間佩著豚皮做的腰帶，並且常對孔子做出無禮的舉動。後來，因為孔子以禮節漸漸誘導他。子路才換穿儒者的服飾，把名子寫在門帖上，藉著孔子其他門人的介紹，投到孔子門下，拜孔子為老師。

子路從「冠雄雞，佩猳豚」，一變為儒服儒冠，在外表上的確是有了很大的改變。但「性鄙、好勇力、志伉直」的子路，再怎麼說都不是個重理論的人，他的一生可說是個強調實行的人。

二、身穿縕袍心懷錦繡

子曰：衣敝縕袍、與衣狐貉者立、而不恥者、其由也與。（子罕）

孔子說，穿破舊的袍子，和穿狐貉皮衣的人站在一起，而不覺可恥的，恐怕只有子路能夠做到吧！

孔子之所以這樣說，並不是指子路經常穿得簡陋而毫不介意；也並不是鼓勵人要穿得鄙劣。子路的服飾一如前則所描寫，而孔子對服飾的講求，在鄉黨篇中會有詳細的說明。所以，這一段話是指子路在某一個場合，並不會因為自己所穿的粗劣而有自卑的意思。孔子重視這件事，是因為他有「士志於道而恥惡衣惡食者，未足與議也」的看法。士在政治上有著輔佐推行統治的義務，並不在於追求美衣美食。假如，一個士雖然過得粗衣粗食，而內心卻仍不忘衣食的追求，將不會使人將之視為可以議論的對象。

雖然孔子對士的要求如此，但這畢竟不是容易做到的，而子路在這一方面卻能覺不恥，這就是孔子給子路的評價了吧！

三、讚美時的幽默

不忮不求、何用不臧。子路終身誦之。子曰：是道也、何足以臧。

（子罕）

孔子說，詩經上有說：不加害人、不去貪求，那還有什麼不好的呢？子路從此經常誦讀這句詩。孔子說：這只是為人的起碼道理，何足以為善呢？「不忮不求，何用不臧」是詩經衛風雄雉篇裡的句子。

「不忮不求，何用不臧」是接在「衣敝縕袍，與衣狐貉者立，而不恥者，其由也與」的後面。孔子以詩經的句子來稱揚子路，而子路卻把老師用來稱讚自己的話，一直誦念著。孔子看到子路這樣，於是緊接著又說：「是道也，何足以臧？」

「何足以臧」是模仿詩經「何用不臧」而來。率直的子路，對孔子的說自己「不忮不求，何用不臧」，感到洋洋得意，故而經常誦讀這句詩，而孔子適時地用「是道也，何足以臧」來再以指點，這也可算是孔子的幽默感吧！

四、用舍行藏和暴虎馮河

子謂顏淵曰：用之則行、舍之則藏。唯我與爾有是夫。子路曰：子行三軍、則誰與。子曰：暴虎馮河、死而無悔者、吾不與也。必也臨事而懼、好謀而成者也。（述而）

孔子對顏淵說：「有人用我時，就行道於世；不用我時，就藏道於身。只有我和你能這樣罷！」子路說：「如果要去率領三軍出征，要和誰一道去呢？」孔子說：「空手去打虎，用泅水的方式渡大河，死了也不知覺悟的人，我是不會和他一起去的。必定要臨事能戒懼小心，預先能謀略，而有成功的把握的，我才他在一道。」率領三軍去出征，自然是要有勇氣，但是，那種勇應該是先謀而後動的智慧之勇，而不光是不怕死的蠻勇。

孔子的話是在讚顏回的行止得宜，而責子路的好勇無謀。「用舍行藏」，這是在面對狀況時，決定要用那一種行動的一個成語。

五、勇當合於義

子路曰：君子尚勇乎。子曰：君子義以爲上。君子有勇而無義、爲亂。小人有勇而無義、爲盜。（陽貨）

子路問孔子：「君子重勇嗎？」孔子回答說：「君子以義為最重要。如果在位的人有勇而不講義，將會作亂；庶民有勇而不講義，那麼終會成為強盜。」

在這一則裡的君子和小人，是指在位的官史和庶民而言。

對子路這樣個性的人來說，他相信勇是德行中最有價值的，在有計謀之前，具備了領導三軍作戰的勇，對君主是重要的。

但在孔子看來，單是有勇是不夠的，更重要的是義。因為無義的勇，不論是君子或小人，都會做出破壞社會秩序的事來。

和前面的那一章配合來看，臨事小心，熟慮，這是使勇能合於義的有必要的過程。

六、祭必已親，勇必為義

子曰：非其鬼而祭之、諂也。見義不爲、無勇也。（為政）

孔子說：「不是應當祭祀的鬼神而去祭祀，那就是諂媚。遇見應當做的事而不去做，那就是沒有勇氣。」

為人子孫者，應當祭祀自己的親人，但對不是我們該祭祀的鬼，也去祭祀了，是意味著有所要求，那麼，這樣的祭祀，就有諂媚的意思。知道是合於義的事，就要有勇氣地去實行，義比勇要重要，不過，勇卻是發動行動的原動力。

這句話只是單獨地被記錄下來，至於是在何種狀況，向誰所講的，完全沒有提及。我們可以把這想做是子路向孔子提出類似「君子尚勇乎」，而期待孔子同意自己的場面，所提出的一個問題。

或者也可看做是在下面一則中，孔子本身實踐的意思吧！

七、守禮不求媚於人

王孫賈問曰：與其媚於奧、寧媚於竈、何謂也。子曰：不然。獲罪於天、無所禱也。（八佾）

衛國的大夫王孫賈向孔子問道：「與其求媚於奧處，不如求媚於竈處。這是什麼意思呢？」孔子回答說：「不是這樣的。假使得罪了天理，再到什麼地方去禱告，也是沒有用的。」

奧，是室之西南隅，為尊者所居之位。竈，古人設神位於竈陘以祭，謂之祭竈，祭畢，更設饌食於奧。所以，奧雖是尊者之位，卻不是祭祀之主；而竈雖卑賤，而當時用事。王孫賈是衛靈公的權臣，他故意以這句俗語來暗示孔子。如要自結於衛國的國君，不如阿附權臣。可是孔子卻寧願順天理而守禮，不求媚於人。

不去巴結王侯貴族、追逐權勢，這樣的人，其志向是可以作為榜樣效法的。

八、不道無益之語

季路問事鬼神。子曰：未能事人、焉能事鬼。敢問死。曰：未知生、焉知死。（先進）

子路問怎麼事奉鬼神？孔子說：「你都還沒有懂得事奉人的道理，怎麼能懂得事奉鬼的道理呢？」子路又說：「敢問人死後怎樣？」孔子說：「生前的事尚且不知道，怎麼知道死後的事呢？」

孔子兩次的回答，明顯地表示孔子不道無益之語的態度。但是，死到底是如何的呢？死後的世界究竟又是如何，這些問題在孔子弟子當中必曾引起討論，而且也一定沒有得到結論。

由此可見，這絕非是子路一人的疑問，只是，代表其他弟子發出問題，這是子路經常扮演的角色，而且他的方式也多半是單刀直入式的，如毫不考慮他說「敢問死」，這正是子路的個性。

九、不諂求於鬼神

子疾病。子路請禱。子曰：有諸。子路對曰：有之。誄曰：禱爾于上下神祇。子曰：丘之禱久矣。（述而）

孔子患了很重的病，子路請求代老師禱告。孔子說：「有這樣的道理嗎？」子路回答說：「有的。誄文上說：為你向天地的神明禱告。」孔子說：「我自己已經禱告過很久了。」

一般人在病重的時候，往往膜拜神明，祈求能早日康復，而子路請求孔子能代為向鬼神求禱，也無非基於這樣的心理。

然而孔子以「有諸？」這樣帶著懷疑的問話來回答子路，實際上是不忍拂逆子路的好意。在孔子的心中以為，像子路要代為禱告，實在是有「非其鬼而祀之」的情形，所以，最後才告訴子路，「我自己已經禱告過很久了」，是希望子路不必去諂求鬼神。

十、二三子和家臣

子疾病。子路使門人為臣。病間曰：久矣、由之行詐也。無臣而為有臣。吾誰欺。欺天乎。且予與其死於臣之手也、無寧死於二三子之手乎。且予縱不得大葬、予死於道路乎。（子罕）

當孔子病重的時候，子路派孔子門下的其他弟子充當孔子的家臣。等孔子的病稍好些了，便說：「我的家裡沒有家臣已經很久了，子路啊，你實在是在行詐道欺人呢！我沒有家臣而裝得有家臣，我要欺騙誰呢？要欺騙上天嗎？而且我與其死在家臣的手上，倒不如死在弟子們的手上呀！我縱使不能用卿、大夫的葬禮，難道我會死在路上沒有人埋嗎？」

孔子一生追求心安理得，所謂死得其所，所以對子路的擅自以弟子權充家臣，以欺世人耳目，換得虛有的榮華，感到不滿，因而有責備子路的意思。

二、三子是指兩三個親密的人。孔子所指為兩三個弟子，如果由弟子裝作家臣，則關係反而疏遠了，因此，孔子才說：「與其死於臣之手也，無寧死於二、三子之手乎！」

十一、因材施教

子曰：求也退、故進之。由也兼人、故退之。（先進）

子路問孔子：「聽到了一個道理，就應當即時去做嗎？」孔子說：「還有父兄在上，怎麼可以聽到了就馬上去做呢？」冉有問：「聽到了一種道理，就應當即時去做嗎？」孔子說：「是啊！應當馬上去做。」公西華在一旁聽到孔子對這兩人的回答，就向孔子說：「我感到很迷惑，為什麼同樣的問題，您會有兩種回答呢？試問這其中有什麼道理嗎？」孔子說：「求（冉有）的個性畏縮不前，所以我鼓勵他進取。子路總是好勇過人，所以我提醒他要抑制退讓些。」

每個人有著不同的個性，如果用一成不變的指導方法，去對待每一個學生，那麼學習的效果往往會受到限制。因為，就學生來說，適合他的指導，會使他產生努力的興趣；如果是不適合的指導，說不定反而生出負面的學習效果。所以，作為老師的人，或其他的指導者，應當檢討，是否能了解對方的個性和能力來加以因材施教，這是非常重要的。

十二、事君之道

子路問事君。子曰：勿欺也。而犯之。（憲問）

子路問：「要怎麼樣去事奉國君呢？」孔子說：「不要欺瞞君上，當進諫時，可以犯顏諫爭。」

所謂「勿欺也」，就是對國君報告真實的狀況。通常做屬下的人，由於對工作的不熟悉，或因自己的疏忽，能力不夠等原因，而使得必須以瞞騙的方式，來面對長上，或向上位的人辯解，以推卸自己的責任，這都是屬於「欺」的行為。

孔子所說的「犯之」，是告訴子路，當事奉君上的時候，不可以因為考慮到自己的仕進、升遷，而一味地窺伺君上的臉色行事，這樣就違背了做臣下的原則。當君上行事不當，臣下進諫，自然是可以據理力爭，又怎能算是冒瀆呢？不過，勿欺和犯之，只是兩項原則，至於該如何把握其中的分際，孔子並沒有提到。

與上面來往能做到不阿諛逢迎，與下面交往能做到不盛氣凌人，這樣就可以有所作為了。

十三、為政先施德澤

子路問政。子曰：先之勞之。請益。曰：無倦。（子路）

子路向孔子請教為政之道。孔子說：「在上位的人，領導民眾，要凡事比民眾先去做，先勞苦。」子路請求老師再多說一點。孔子又說：「還要能持久不倦，始終如一地做。」

「先之，勞之」的之，是指平民、大眾的意思。平民佔國家的極大多數，包括了農、工、商，是直接的生產者。站在為政者的立場來看，既然從平民得到生產物的供給，就應該相對地提供對平民的服務，使平民能安心地從事生產。所以，應該比民眾先去擔負自己的責任，先勞苦。

「請益」是子路請求孔子再補充說明。子張也曾經向孔子請教為政的道理，孔子回答說：「居之無倦，行之以忠。」意思也是說，居官行政的人，要存心不倦，始終如一。

十四、學而優則仕

子路使子羔為費宰。子曰：賊夫人之子。子路曰：有民人焉、有社稷焉。何必讀書、然後為學。子曰：是故惡夫佞者。（先進）

子路自己做季氏的家宰時，推薦年輕的子羔去當費的宰。孔子說：「你這樣不是反而害了他嗎！」子路回答說：「子羔到那裡去，那邊也有人民，也有社稷，可以讓學習，何必一定要讀書，才算是學呢？」孔子說：「我最討厭理屈卻以口舌之辯來頂人的人。」

費是魯國的一個地方，是魯國權臣季氏所居住的地方。子羔可能是子路的晚輩，當時年紀還小，學業未成，而使他為宰，所以孔子說適以害之。

子路的理屈，在於他以子羔的情形，來泛論「何必讀書，然後為學」，這也是一般人常在自己理屈時用來作為辯解的錯誤觀點，因為，個別的事件，並不能作為一般之論。在孔子的弟子之中，除了子路外，是沒有人會對孔子用這樣的口氣說話的。

十五、升堂矣求入室

子曰：由之瑟、奚為於丘之門。門人不敬子路。子曰：由也升堂矣、未入於室也。（先進）

孔子說：「子路鼓瑟有殺伐的聲音，怎麼算是出自我的門下呢？」聽到老師這樣說了以後，弟子們因此而不敬重子路。孔子說：「子路的學問，已經進入正大高明的境界，只是還沒有深入到精微的堂奧領域裡去罷了！」

入室，是指已達到完美的境界；而登（升）堂，則是指已得要領的次上程度。今人把「登堂入室」，用來比喻為學、技術的入道次弟。

孔子說「奚為於丘之門」，是指子路鼓瑟的技巧，弟子卻因此而輕視子路，所以孔子又補充說明，子路在學問的造詣上，自有其成就，也是告訴弟子，不可因某一方面之短，而忽視了一個人在其他方面的長處。

品行，只能從自己的行動表現出來；名聲，則是需要別人認可才能樹立。

十六、子路有明斷篤信之德

子曰：片言可以折獄者、其由也與。子路無宿諾。（顏淵）

孔子說：「只聽片面之辭便可以判斷獄案的，恐怕只有子路這個人吧！子路對承諾別人的話，沒有久留著不踐諾的。」

子路對一旦答應了別人的事，在期限之內，一定會去完成。這章的描寫最能凸顯出子路果敢、決斷的性格。子路之所以「有聞，未之能行，唯恐又聞」，就是因為恐怕自己會為自己留有宿諾吧！

對於裁判獄案，孔子說自己：「聽訟，吾猶人也。必也，使無訟乎！」孔子的意思是說，審判案件，我也和別人一樣；但最好必須使百姓沒有訴訟的發生。

像子路那樣能明斷的法官，是最理想的；不過，如果真能像孔子所說的，「必也，使無訟乎」，才是人類社會理想的境界。

十七、冥冥之中的決定

閔子侍側、誾誾如也。子路行行如也。冉有、子貢侃侃如也。子樂、若由也不得其死然。（先進）

孔子的四個弟子侍坐在他的旁邊。閔子騫，有中正適度的氣象。子路，有武勇剛強的氣象。冉有和子貢，則有和氣快樂的氣象。孔子看到他們四人，覺得很高興。他說：像子路的那個樣子，我怕他會不得善終啊！

孔子看到四個弟子各自表現出他們的性情，所以感到高興。不過，他卻為子路剛強的性格擔心，後來，子路果然死於衛國的孔悝之難。當孔子一聽說衛國發生內亂，馬上就對周圍的人說：嗟乎！由死矣。後來消息傳回，子路被處以醢刑。孔子聽到之後，就命家裡的人，把家中吃的肉醬都拿去倒掉了。

冥冥之中的因果關係，像一副無邊無際的大網一樣，空隙疏闊，卻從來沒有失誤。

十八、貧而無諂未若富而好禮

子曰：賜也始可與言詩已矣。告諸往而知來者。（學而）

子貢問孔子：「貧窮的人如果能不諂媚，富有的人如果能不傲慢，這種人怎麼樣呢？」孔子說：「還算是可以的。但是卻比不上貧窮還樂道，富有而好禮的人。」

子貢說：「詩經上面說：就像要刻牛角、象牙，或玉石一樣，必須不斷地切磋琢磨，精益求精。不就是這個意思嗎？」

孔子說：「賜呀！像這樣才可以和你談詩經上的事了！只要告訴你一些，你就可以悟出其他的道理來。」

賜是子路的名，姓端木，衛國人，較孔子年輕三十一歲。往是過去，未是未來；告諸往而知來者，是稱讚子貢的智慧。史記仲尼弟子列傳中說子貢「利口巧辭」，為了魯國的安危，孔子曾許子貢去遊說齊、吳、晉、越等大國的國君，對子貢的事蹟，有很長的記載。

子貢的特殊才能是做生意，在專門論經濟的史記貨殖列傳中，也有關於子貢的記載。

十九、瑚璉之器

子貢問曰：賜也何如。子曰：女器也。曰：何器也。曰：瑚璉也。

（公治長）

子貢問孔子說：「像我賜這樣的人怎麼樣呢？」孔子說：「你是個有用的器皿。」子貢說：「是什麼器皿呢？」孔子說：「是瑚璉。」

子貢向老師問「賜也何如」，似乎是很唐突的，從論語中還可以看到子貢是常提出這樣的問題。

孔子曾說：「君子不器。」意思是說，一個君子不該像一件器具，只限於固定的用途。從這點看來，孔子對子貢說，「女器也」，並不是一個稱讚之辭。

瑚璉是在宗廟的祭祀時，用來盛稷的器皿，並用玉來裝飾外面，是器皿中貴重而華美的一種。孔子說子貢是瑚璉，表面似乎檯高了子貢的價值，而實際上卻可以視為對弟子才氣加以抑制。

二十、聞一以知二

子謂子貢曰：女與回也孰愈。對曰：賜也何敢望回。回也聞一以知十。賜也聞一以知二。子曰：弗如也。吾與女弗如也。（公冶長）

孔子對子貢說：「你和顏回兩個人，那一個較為好些呢？」子貢回答說：「我怎敢和顏回相比呢？顏回聽到了一分的道理，便能推知十分，而我聽到了一分道理，只能推知兩分。」孔子說：「你的確不如他，我和你一樣都不如他啊！」

回是指顏回，比子貢大一些。子貢自認比不上顏回，而他用一與十，和一與二的對比來簡要地說明，那就是子貢的專長，如果換做是子路，當不致於採用這樣的方式來比喻吧！

最後，孔子在說「弗如也」後，又加上「吾與女弗如也」，其實，目的在讚美顏回，並沒有一定要說子貢和自己都不如顏回的意思。

用自己的榜樣進行教育的人，別人就會服從；只是口頭上教育別人，就只能爭論不休。

二十一、子貢方人

子貢方人。子曰：賜也賢乎哉。夫我則不暇。（憲問）

子貢總是喜歡批評別人的長短。孔子就說：「賜啊！你自己是不是都很好了呢？要是我，就沒有閒工夫去講別人了！」

在這章裡所提到的「子貢方人」，其實正是子貢的個性，正如他曾問孔子「賜也何出」，一樣的道理。而當孔子問及他和顏回兩人作一比較時，子貢在孔子面前表示出謙沖的態度，因而得到了孔子的同意。

子貢善於「方人」，他能以客觀的態度，來比方人物而較其長短，正因為這樣，而使他成為那個時代的知名人物，而他也因之常作「方人」的事。但是，孔子對弟子這樣的才能，並不贊同，從這一章帶有諷刺意味的講話中，甚至可以看出貶抑子貢的意思。

君子不隨便對人說無法兌現的話，所以他所說的話，都會受到人們的信任。反之，若大言不慚，做起事來當然就困難了。

二十二、過猶不及

子貢問：師與商也孰賢。子曰：師也過。商也不及。曰：然則師愈與。子曰：過猶不及。

（先進）

子貢問孔子說：「子張和子夏兩人誰好些呢？」孔子說：「子張超過了些，子夏又有所不及。」子貢緊接著說：「那麼是子張好些嗎？」孔子說：「過與不及，還不是一樣的不合於中理。」

顓孫師，字子張，陳國人，少孔子四十八歲。卜商，字子夏，衛國人，少孔子四十四歲。兩人都是孔子後期的弟子。在前期的弟子子貢看來，其二人各有長短，難以分辨出高下，這裏子貢又再度顯現出他喜歡「方人」的個性。而請教孔子，希望孔子能同意自己的看法，或作出一個決斷，甚至可以和孔子辯論，這是子貢當時提出這個問題的居心吧！

當孔子說「師也過」，子貢馬上接著說：「然則師愈與？」這樣快的反應，豈不正說出了子貢的用心？

二十三、不恥下問

子貢問曰：孔文子何以謂之文也。子曰：敏而好學、不恥下問。是以謂之文也。

（公冶長）

子貢問孔子：「孔文子為什麼會諡為『文』呢？」孔子說：「他做事勤快，又好學，向下屬請教也不以為恥，所以死後被人諡為『文』了。」

孔文子，姓孔，名圉，衛國的大夫，死後諡號為文，和孔子是同時代的人。在衛靈公時，衛國為了嗣位者，而產生了紛爭，由於孔文子的處事，深得衛國上下的敬重，所以嗣位的紛爭，一直到孔文子死後，才表面化起來。這次的內亂，使孔文子的妻子和兒子孔悝也牽涉在內。

子貢雖知道孔文子的為人，但他仍向孔子提出「何以謂之文」的疑問。孔子以「不恥下問」來作為回答。這是因為，孔子認為「不恥下問」是孔文子的優點，孔文子也因此而得到了「文」的美諡。而且，孔子不以為「不恥下問」是任何人都可以做到的事。

二十四、子貢讚美孔子之德

夫子之不可及也。猶天之不可階而升也。（子張）

陳子禽有一天對子貢說：「你只是特別對老師謙恭罷了，其實仲尼怎麼會比你賢能呢？」

子貢聽他這麼說，就糾正他道：「君子只要說出一句話，別人就可以看出他是智，或不智，因此說話不能不謹慎啊！我的老師是崇高不可及的，就好比是天那麼的高，無法用梯子爬上去的。如果我的老師能掌理國家，那就像古人所說的，教人民自立，人民都能自立，引導人民行德，人民便能跟從，安撫人民，使遠方的民眾都來歸附，役使他們，民眾也和樂順從，所以他在生前，人人尊敬他，死後人人哀悼他。老師是這樣的，別人如何能及得上他呢？」

陳子禽是子貢的弟子，所以在陳子禽看來，以孔子和子貢相比，當然是以子貢更為賢能，因而說子貢是謙恭。

二十五、夫子之牆數仞

子貢曰：譬之宮牆、賜之牆也及肩。窺見室家之好。夫子之牆數仞、不得其門而入、不見宗廟之美、百官之富。得其門者或寡矣。夫子之云、不亦宜乎。（子張）

叔孫武叔在朝廷上向魯國的大夫們說：「子貢比仲尼還要賢能。」一個叫魯服景伯的魯大夫把這事告訴了子貢。子貢說：「譬如以屋子的圍牆來說，我的圍牆，它的高只到肩，所以從牆外就可以看到屋子裏面的美好；而老師的圍牆，有好幾仞的高，如果不從大門走進去，就無法看到宗廟裏面裝飾的華美，以及文武百官的富盛。然而能尋到門徑進去的人實在是太少了！我這樣的比喻，對武叔大夫的說法，不是很合適的嗎？」

叔孫武叔，是魯國大夫，叔孫氏，名州仇，謚號為武。子服景伯，亦也魯國大夫，子服氏，名何，字伯，謚號為景。仞是古代的度名，周朝以七尺為一仞；至宋朝則有八尺為一仞之說。不僅是子貢的弟子，就是魯國朝廷的大夫，也以為子貢是賢於孔子的，所以造成這樣的原因，或許是因為子貢善於言辭的論辯吧！從他提出的比喻，和「不亦宜乎？」的口氣，就可以看出這一點來了。

二十六、孔子之德如日月

他人之賢者丘陵也。猶可踰也。仲尼日月也。無得而踰焉。（子張）

叔孫武叔向人毀謗孔子。

子貢聽到了，就說：「他這樣做是沒有用的！因為仲尼是不可以毀謗的。其他的賢人，像丘陵一樣，還有可能去超越他；而仲尼，是像日月一樣的，根本就沒有辦法去超越的。一個人雖然想自棄於日月所散放的光明，但這樣的做法，對日月又有甚麼損害呢？多麼顯得那個人的不自量力啊！」

孔子離開魯國之前，曾經出仕於魯的朝廷，因此和叔孫武叔共事於魯君。從叔孫武叔將子貢擬於孔子，以及毀謗孔子的情形看來，他顯然是不滿意於孔子的。孔子在魯國出仕，而使魯國大治，除了遭受齊國的嫉妒之外，魯國的大夫恐怕也有許多不能和孔子同心同德的，最後，齊國以美人來迷惑魯定公，魯定公終於中計，不理朝政，這種種的原因，促使孔子離開了自己的父母之國。

二十七、聖人無常師

子貢曰：文武之道、未墜於地、在人。賢者識其大者、不賢者識其小者。莫不有文武之道焉。夫子焉不學。而亦何常師之有。（子張）

衛國的大夫公孫朝問子貢說：「仲尼的學問，是從那裡學來的呢？」子貢說：「以前文王、武王所留傳下來的禮樂典章，都還沒有亡失，現在的人有的還能記得。賢人便記得那些重大的，不賢的人記得那些細小的，無不保守著文王和武王的道。我們的老師，那裡有什麼不學，又那裡有什麼固定的老師？」

文王和武王是周朝開國之天子，距孔子的春秋時代，約早五百年，所以，文王武王之道到了孔子的時候，仍然有很多被保留了下來，如孔子這般好學的人，自然是隨時隨地都在學習，又怎能以特定的某一人作為老師呢？

孔子是魯國人，而魯是周公的封地，所以，可說是文化傳統古老的國家，許多周朝的典章禮制都被流傳下來，像這樣一個文化氣息濃厚的國家，本身就是孔子的老師。

二十八、不知老之將至

葉公問孔子於子路。子路不對。子曰：女奚不曰、其爲人也、發憤忘食、樂以忘憂、不知老之將至云爾。（述而）

葉公向子路探問孔子的為人，子路一時不曉得怎樣回答。他後來告訴孔子，孔子說：「你為什麼不這樣說：他這人嘛，發憤起來，連飯都會忘了吃；快樂起來，會把一切的憂愁都忘掉了；甚至於不知道自己已經快要老了呢！」

葉公之「葉」音ㄕㄜˋ，姓沈，名諸梁，為楚國的大夫，封邑在葉縣，僭稱公。孔子在周遊列國時，經過葉。

如果葉公是向子貢來探問孔子的為人，那麼，子貢就一定會滔滔不絕地為他陳述。不過，葉公雖然無法得到子路的回答，卻因此而使孔子有機會對自己作了一番描述。「女奚不回」是一種很自然的口氣，和子貢對孔子的形容的華麗情形比起來，有很大的不同。

二十九、三人行必有我師

子曰：三人行、必有我師焉。擇其善者而從之、其不善者而改之。

（述而）

孔子說：「三人同行，其中一定有些可以做為我的老師。我應選擇他們的長處來學習；而將他們的短處作為自我改正的榜樣。」

這一則也是說明孔子無常師。「三人」是一個虛數，不一定就是指三個人而言。行是指在路上偶然相遇。關於這章，後人有許多的說法，其中清朝劉寶楠的『論語正義』這本書裡是這樣解釋的：三人一起同行，如果那兩個人以為我是好的，我就順從他們；如果那兩個人以為我不善，我就改正自己的不善，所以那兩個人，都可以算是我的老師。

理解人之常情又沒有私心，是做事的根本。人的一生當中最大的罪過，只是在「自以為是」和「自私」兩個問題上。

三十、君子之過似日月之食

子貢曰：君子之過也、如日月之食焉。過也人皆見之。更也人皆仰之。

（子張）

子貢說：「君子的過失，好比日蝕月蝕一樣。一旦當君子有了過失，人人都看得見；但是，當他改過了，人人仍然對他仰望。」

孔子教育學生，要使他們都成為君子，因此，他給君子樹立了一個標準，即所謂：君子道者三，我無能焉。仁者不憂，知者不惑，勇者不懼。但是，君子偶爾也會犯過。只是君子有了過，絕不會掩飾狡辯，就和日月之蝕一樣，人人都可以看見。知過，便即時去改，就像日月復圓一樣，人人也都可以看到。

孔子也曾討論到「過」的問題，而說：過則勿憚改。又說，過而不改謂之過。子貢以君子之過，比喻為日月之蝕，也顯現了子貢善於比方的特長。

人們往往把一些表面上似乎危言很小的事看得無謂。不在事件產生之前加以謹慎，而在事情發生之後才後悔莫及。

三十一、文質不宜偏廢

棘子成曰：君子質而已矣。何以文爲。子貢曰：惜乎夫子之說君子也。駟不及舌。文猶質也、質猶文也。虎豹之鞹、猶犬羊之鞹。（顏淵）

衛國的大夫棘子成對子貢說：「君子只要有善良的本質就夠了，又何必要有禮樂的文采來修飾他呢？」子貢說：「可惜啊！你棘先生竟是這樣來解釋君子的，你說錯了話，就是用四匹馬拉的快車也追不回來了！君子應該是文質相等的，文如同質，質也就如同文，不可缺一；就好比是虎豹的皮，如果把皮上的文采去掉，不是和犬羊的皮一樣了嗎？」

假如一個君子果真如棘子成所說，只要有善良的本質，而不必要有禮樂的文采來修飾，就會變成質而不文，如同是個鄙陋的野人了。虎豹這兩種動物，給予人威猛的感覺，除了牠們本身兇猛的獸性之外，牠們毛皮上的斑紋和文采，更是主要原因。如果使虎豹的毛皮和犬羊的毛皮一樣，那麼虎豹的威猛恐怕要遜色很多了。

三十二、文質彬彬

子曰：質勝文則野。文勝質則史。文質彬彬、然後君子。（雍也）

孔子說：「本質樸實勝過了文飾，就會像個鄉野之人；而文采勝過了樸質，就會像個在衙門裡掌文書的官吏。只有本質和文采適當地調和，然後才稱得上是個君子。」

文勝質則史的「史」是指官府裡掌文書的人，他們多聞而習事，但是，在誠意上或有不足，所以說是文勝質。

文指文飾，是說一個人的儀容外觀；質指素質，是說一個人的內在涵養；二者要配合適勻，彬彬可觀，才是君子的風範。前章中子貢以「文猶質也，質猶文也」來說明君子，以批評棘子成的「君子質而已矣，何以文為」，可能就是根據孔子所說的「文質彬彬，然後君子」而來的。

因此，德行高尚的人應該努力於自已道德的涵養，而在外則謙讓於人。

三十三、聖賢所厭惡的人

子貢曰：君子亦有惡乎。子曰：有惡。惡稱人之惡者。惡居下流而訕上者。惡勇而無禮者。惡果敢而窒者。（陽貨）

子貢問孔子說：「君子也有厭惡的人嗎？」孔子說：「有的。厭惡說人壞話的人，厭惡果敢而不通事理的人。」孔子說完又反問說：「賜啊！你也有厭惡的人嗎？」子貢答道：「我厭惡暗中刺探人而自以為是聰明，厭惡不謙讓而自以為是勇敢，厭惡揭發人的隱私而自以為是正直的人。」

子貢或許以為像孔子這樣的君子，是不會厭惡什麼人的吧，所以，才向孔子提出自己的疑問，然而，孔子既是人，自然也會有所怨恨和憎惡的。

所謂「君子」，是指涵攝諸德、人格完美的人，我們從孔子所厭惡的四種人看來，可以窺見孔子的人格，並不以自己的好惡作為對人好惡的依據，孔子提出自己所厭惡的人，是經過先天理性所決定的，進一步地去探討，就可以領會到孔子的修己治人之道，而這四種人不僅被孔子厭惡，如果以社會道德的尺度來衡量，也必是不合於道德的。

三十四、君子惡君下流

子貢曰：紂之不善、不如是之甚也。是以君子惡居下流。天下之惡皆歸焉。

（子張）

子貢說：「紂王的暴虐，並不如後代所傳說的那樣過分。因為這樣，君子不喜歡讓自己處在污穢低下的所在，這樣會使天下的惡名，都歸聚到他的身上。」

紂是殷商王朝最後一個天子。根據史載，他頗有才智，而且善於辯論，據說曾徒手搏獸，孔武有力。他在天子位時，淫亂而殘酷，對臣下的進諫，不但不接受，而且把勸諫的臣子處以烹醢之刑。在他的時代，又設炮烙的刑罰，就是讓人在燒紅的炭火上受刑。

子貢所說的意思，並非以全體的事實作一客觀的評論，而僅就事情中的一點，來加以評價。不過，從本則看來，一個君子防止輿論對自己作不利的批判，最好的方法就是不居下流，是非常有道理的。這則我們可以看做是戒人為惡。

三十五、察善惡者之道

子貢問曰：鄉人皆好之何如。子曰：未可也。鄉人皆惡之何如。子曰：未可也。不如鄉人之善者好之、其不善者惡之也。（子路）

子貢問老師說：「全鄉的人都喜歡的人，這個人怎麼樣？」孔子說：「還不能說他是個好人。」子貢又問：「全鄉的人都討厭的人，這個人怎麼樣？」孔子說：「也還不能說他是個壞人，倒不如全鄉的好人喜歡他，同時，全鄉的壞人討厭他，這樣的人，才是真正的好人。」

因為孔子曾說自己「惡稱人之惡者，惡居下流而訕上者，惡勇而無禮者，惡果敢而窒者」，子貢則「惡徼以為智者，惡不遜以為勇者，惡訐以為直者」。所以自然會被人所惡，因此，子貢特別向孔子提出疑問，而孔子也向子貢教誨如何明察善惡之人的方法。如果要把「受全鄉的人喜歡的人」和「被全鄉的人討厭的人」來作一比較，是不能貿然決定前者為優，或後者為優，必須進一步探討這個人受喜愛，或被人討厭的原因是什麼。

三十六、孔子評顏回和子貢

子曰：回也其庶乎。屢空。賜不受命而貨殖焉。億則屢中。（先進）

孔子對顏回和子貢兩個弟子加以評論說：「顏回差不多近道了，可惜經常是那麼貧乏。子貢不做官而去做生意。他每次猜測物價的漲落，總是可以猜中。」

這一章是孔子對顏回和子貢兩個弟子加以評論的一章。孔子說，顏回是近道，而子貢則貨殖，億則屢中，這正是他們二人各自的長處。從孔子的語氣中，可以想像，孔子對顏回的安貧，和子貢的蓄財，都覺得很高興。

對於「不受命」，除了作「不受祿」的解釋外，也有人解釋為「不受孔子之命」。因為孔子教弟子的是「死生有命，富貴在天」，子貢不受天命的束縛，而經營貨殖之道，所以說他是「不受命」。不過，無論作那一種解釋，孔子都是肯定子貢有貨殖經營的才幹的。

三十七、回也不愚

子曰：吾與回言。終日不違如愚。退而省其私、亦足以發。回也不愚。

（為政）

孔子說：「和顏回談了一整天的話，他沒有一句反問，只有接受，像個愚人一樣。等他離開我以後，我省察他和別人私下討論的內容，對我所講的話很能有所啟發，顏回，他實在不愚啊！」

顏回，姓顏，名回，字子濂，魯國人，少孔子三十歲，較子貢年長一歲。子貢曾說：「回也，聞一以知十；賜也，聞一以知二。」而自嘆不如顏回。據史記仲尼弟子列傳的說法，顏回在二十九歲的時候，頭髮就已白了。

在孔子的弟子中，顏回雖是以賢能著稱，但是，他和子路、子貢等門人不同。從論語中，他和孔子的問答少，而孔子對他的讚美卻很多，從這一點看來，顏回大概是個沈默寡言的人吧！

說話不應求多，但必須考慮說的主旨是什麼；做的也不應求多，而必須研究為什麼要這樣做。變化多端的面孔和嘴巴，搬弄是非的舌頭，就像一把傷人的斧頭。

三十八、回非助我者

子曰：回也非助我者也。於吾言無所不說。（先進）

孔子對人家說：「顏回啊！他是個不能使我在教學上有所增益的人，因為，他對於我所講述的，從沒有不感到喜悅的。」

顏回很能了解孔子所說的道理，又因為他有「聞一以知十」的智慧，所以才「終日不違如愚」。孔子說顏回是「非助我者」，「終日不違如愚」，都是採用同樣的反映法，很巧妙地稱讚顏回的賢德。

孔子曾讚美顏回說：回也不怠。在前章又說顏回：退而省其私，亦足以發。可以知道顏回對孔子的教誨，不止於聽受而已。

明智的人要看到無形的東西，聰慧的人要聽到無聲的聲音。謹慎的人要謹慎在沒有造成損失之前。要不處於困窘，就在於有預見、有準備。

三十九、顏回安貧樂道

子曰：賢哉回也。一簞食、一瓢飲、在陋巷。人不堪其憂。回也不改其樂。賢哉回也。（雍也）

孔子說：「真是賢德的顏回啊！他吃的是一小筐的飯，喝的是一瓢的水，住在簡陋的小房子裡，換做是別人，必受不了這種貧苦，然而回啊！他卻仍然不改變他向道的喜樂。真是賢德的顏回！」

從這則可看出顏回淡泊，清貧的情形。「簞食瓢飲」是比喻他生活的貧困，這和子貢的善於資財，形成了強烈的對比。

孔子所以稱讚顏回為賢，是因為在困窮的境遇裡，顏回仍能「不改其樂」；在這句之前，孔子說：「人不堪其憂」，是對一般人的觀察後，作出很中肯的、寫實的結論。孔子年少時，生活也是貧困的，所以對於困窮的生活，有深刻的體驗，而藉著「人不堪其憂」透露出來；同時，他所說的「回也不改其樂」的讚歎，也正是由這種體驗而來的衷心讚美。

四十、顏回讚歎聖道

顏淵喟然歎曰：仰之彌高、鑽之彌堅。瞻之在前、忽焉在後。夫子循循然善誘人。博我以文、約我以禮。欲罷不能、既竭吾才。如有所立卓爾。雖欲從之、末由也已。（子罕）

顏濂喟然歎道：「老師的道理，越仰望他越顯得高遠，老師的為人，越鑽研他越顯得堅固，看他好像就在前面了，突然又像在後面！老師循著次序一步步地誘導我：先讓我博學文章典籍，然後要我以禮約束自己的行為。我想停止不學也不可能，然而我已經用盡了我的才力，老師的道依然卓立在我的面前，我想再追從上去，但卻覺得沒有路可以使我去追從！」

這是記顏淵對人讚歎老師之道的高且深。在孔子看來，顏回是賢德樂道的弟子；而從這樣的弟子的立場來回看老師，覺得老師是偉大而莫測高深的。能看出孔子的偉大，在孔子的弟子中，恐怕只有顏淵一人而已。子貢形容孔子，曾以「日月」、

「宮牆數仞」、「天之不可階」來比喻，他自己彷彿是站在這些「日月」、「宮牆」、「天階」之外。所以，在他所描繪之下的孔子，有如一幅風景畫，美則美矣，富麗則富麗矣，卻是生硬，沒有生命的孔子；而顏回則是以自己的感受去看孔子。透過顏回的感覺，使孔子呈現了偉大而莫測高深，如見首不見尾之神龍般的面貌。顏淵的形容不如子貢的華麗、富瞻，正如他的為人，然而他「喟然而歎」，是充滿愛慕的感情，這自然能引起人的共鳴。

在論語全書中，有許多關於子貢的記載，而且也充分顯露了子貢的辯才。本則中，顏回看孔子而讚歎，不是孔子與顏回之間的對話，但是，因為在論語中，有關顏回的記載文字不多，所以本章是很寶貴的材料。

顏回說明孔子循循善誘的次序，先是「博我以文」，再為「約我以禮」。

※　　※

水清亮，照出的形象就明淨；標竿直，影子就端正；就近取幾樣東西即可證明，無須借助遠的事物。人們的失敗，再不會有比沒有自知之明的人所遭受的失敗更大了。

四十一、孔子與弟子言志

顏淵曰：願無伐善、無施勞。（公冶長）

有一天，顏淵和子路侍立在孔子的旁邊，孔子就對他們二人說：「你們何不各自談談自己的志願呢？」子路首先說：「我願意把自己乘坐的車馬，穿的皮衣，和朋友共享，就是用得破舊了，我也不怨恨朋友。」顏淵說：「我願不誇耀自己的才能，不表揚自己的功勞。」子路對孔子說：「我們也想聽聽老師的志願！」孔子回答說：「我願老年人得到奉養而安樂，朋友間能相互的講信實，年少的人能得到撫愛。」

向孔子反問，要聽聽老師的志願，這是只有子路才會如此的吧！而子路所說出的志願，和孔子所說的「衣敝縕袍，與衣狐貉者立，而不恥者，其由也與」，正是不謀而合的。顏回的志願，顯現他謙遜、安貧樂道的個性。

孔子談到自己的志願時說：「老者安之，朋友信之，少者懷之。」他的思慮顧及到每一個層面的人，以社會秩序為著眼，不愧是聖者的懷抱。

四十二、孔子畏於匡

子畏於匡。顏淵後。子曰：吾以女爲死矣。曰：子在、回何敢死。

（先進）

孔子在匡，被匡地的居民圍攻，而有戒心，這時，顏回和孔子走散了而落後。後來，顏淵找到孔子，孔子說：「我以為你已死了！」顏淵說：「老師您還在，顏回那裡敢輕易就死呢？」

此事緣於孔子周遊列國時，走到匡。匡地的居民素來怨恨陽貨在做季氏家臣的時候，對匡的百姓苛刻，而孔子的相貌與陽貨相像，匡人將孔子誤以為是陽貨，而將孔子圍困了五天。

在被圍的五天中，顏淵因為和孔子一行走散了，所以，並沒有和孔子等人在一起，孔子很為顏淵的安危擔憂，當他又看到顏回，馬上說出：吾以女為死矣，這句話裡有著對顏回掛念之情的流露。

四十三、白髮送黑髮

顏淵死。顏路請子之車以爲之椁。子曰：才不才、亦各言其子也。鯉也死、有棺而無椁。吾不徒行以爲之椁。以吾從大夫之後、不可徒行也。

（先進）

顏淵死後，因為家境貧窮，他的父親顏路要求孔子把車子賣掉，替顏淵買一付外棺。孔子說：「成才的，或不成才的，說來都是兒子啊！如果是我的兒子鯉去世，也是只有棺而沒有外棺。我不能因為要替顏淵做一付外棺，把車子賣掉而徒步，因為我還要跟從在大夫的後面，出門不可以步行的啊！」

在先進篇裡，共有四章是記載有關顏回死的事。顏回死的時候是四十一歲，孔子那時是七十一歲。而孔子的兒子孔鯉，字伯魚的，死於五十歲。孔鯉死的時候，孔子是七十歲，所以，他應該是晚孔鯉一年去世的。

古代喪禮中所用的棺木是雙重的，內層叫做棺，外層叫做槨，因為這樣，喪禮的費用相當龐大。顏回的家境貧窮，所以，他的父親顏路才會向孔子提出要孔子把車賣掉，替顏回買一付外棺的要求。

但是，顏回的父親顏路為什麼會向孔子提出這個要求呢？在論語中沒有提及，而在其他的文獻中，也找不到答案。後人的推測，大概是因為孔子十分寵愛顏回這個弟子的緣故吧！結果，孔子拒絕了顏路的要求；孔子是基於沒有這種「禮」，所以才拒絕。早先，孔子病重的時候，曾對弟子說：寧死於二、三子之手，而顏回一向遵從老師，所以，顏回的遺願，未必會像顏路所要求的那樣。

像顏路向孔子提出要求的情形，在現今的社會是經常會發生的，所以，雖然論語是這樣久以前的一本書，但它在今天看來，仍是具有生活化的一書。

人的慾望是沒有止境的，生活得奢侈或是儉樸，這是由客觀條件來決定的。有勞動的體驗，就會想到節儉；想到節儉，就會產生善心。如果貪圖享受就會導致淫亂，而淫亂就會拋棄好的念頭，壞的想法也就應運而生了。

四十四、天喪予

顏淵死。子曰：噫、天喪予。天喪予。（先進）

顏淵死了，孔子歎息著說：「唉！天要亡我啊！天要亡我啊！」

孔子在匡，因為貌似陽虎，而被居民所圍，那時，擔心顏回的安危，他曾向弟子說：「文王死後，傳統文化不是在此地嗎？如果天意要喪失這種文化，那麼後死的我，就沒有機會參與了解這種文化了；如果天意不想喪失這種文化，匡人又能把我怎樣呢？（文王既沒，文不在茲乎？天之將喪斯文也，後死者，不得與於斯文也。天之未喪斯文也，匡人其如予何？）在孔子周遊列國的時候，有一次被桓魋包圍，有生命的危險，孔子也曾有同樣的說法；可見孔子對天命的確信不疑。」

孔子悲歎：天喪予，並不是指顏回的死，而是道出了自己內心的悲傷，因為孔子一直以為顏回最能信道好學，孔子從顏回的身上彷彿可以看到以往的自己，所以才發出如此的悲歎。

四十五、孔子悲痛顏回之死

顏淵死。子哭之慟。從者曰：子慟矣。曰：有慟乎。非夫人之爲慟、而誰爲。（先進）

顏淵死後，孔子去弔祭他，哭得很悲慟。跟著孔子一起去的人看到如此情景，就說：「老師過於悲傷了。」孔子聽到有人這樣說，就回答道：「我真的是過於悲傷了嗎？我不為哭顏淵而哀慟，還為誰而哀慟呢？」

哭而出聲，叫做「哭禮」，是葬禮中的禮儀。「慟」是哀傷過度的意思。顏淵的喪禮中，孔子的悲傷超過了「哭禮」的程度，所以，隨從孔子一起去的弟子才會說：子慟矣！來提醒孔子。而孔子因惋惜一個好學、樂道弟子的早逝，所以，很自然地說：我不為像顏淵這樣的弟子悲傷而哭，要為什麼樣的人悲傷而哭呢？這正是發乎情，止乎禮的做法。

四十六、孔子阻止門人厚葬顏回

顏淵死。門人欲厚葬之。子曰：不可。門人厚葬之。子曰：回也視予猶父也。予不得視猶子也。非我也。夫二三子也。（先進）

顏淵死後，孔子的弟子們想要厚葬顏回。孔子說：「不可以這麼做。」結果弟子們仍然厚葬了顏回。孔子說：「回啊！你看待我如同父親一樣，而今，我卻不能看待你如同自己的兒子。不是我要厚葬你，實在是我的弟子們要這樣做的啊！」

古代喪禮中的一切喪具的準備，要看喪家的有無而定，家貧而厚葬，非禮也，所以，孔子阻止弟子對顏淵厚葬。而且，當孔子的兒子孔鯉死，他也是薄葬，孔子更是希望自己「死于二三子之手」，都說明了孔子所說的，喪禮中，有哀悼的心比喪禮的形式更重要，基於此，孔子才會在顏淵的喪禮中有太過悲傷的表現，這是他發自於內心的感情。

力行檢樸，是擴充自己情操的根本；崇尚奢侈放縱情慾，即敗壞德行的本源，招來禍患和災難。

四十七、稱許顏回好學

哀公問：弟子孰爲好學。孔子對曰：有顏回者、好學。不遷怒、不貳過。不幸短命死矣。今也則亡。未聞好學者也。（雍也）

魯哀公問孔子：「在你的學生裡面，以那一個最好學？」孔子回答說：「只有顏回最好學，他發怒的時候，並不轉移到無關的人身上，不重犯同樣的過錯。可惜現在他已經短命死了！現在我還沒有聽到那一個是好學的。」

魯國的國君哀公，原是希望孔子能推薦好學的弟子，而加以任命。因為，那時在孔子門下的弟子，有許多是具有才幹的，彷彿形成一個智囊集團，不僅在魯國，就是在其他的國家也如此被認定。孔子並不是不明白魯哀公問話的用意，只是孔子卻並不輕易稱讚某人的好學，所以只回答魯哀公說：「只有顏回，他不幸已經短命死了，自他死後，到目前為止，就沒有聽說誰是好學的了。」

思考多次，然後行動。為人行事，最後都能像開始一樣兢兢業業，就不會有做不好的事。

四十八、歎顏淵早夭

子謂顏淵曰：惜乎、吾見其進也。未見其止也。（子罕）

孔子每一提到顏淵，就歎息著說：「可惜了，他這樣早就死去！我只看到他前進，從來沒有見到他停止下來的時候！」

在孔子的門下，有許多的弟子是希望出仕為官的，然而顏回卻一直安貧樂道，並無意於仕宦之途。在論語中，常見子路或子夏，向孔子請教為士，為君子的紀錄，卻很少見到顏回向孔子請教這方面的事。

當孔子稱讚顏回說：「賢哉回也！一簞食，一瓢飲，在陋巷，人不堪其憂，回不改其樂。賢哉回也！」我們也彷彿看到了孔子對顏回的認同，在孔子的內心，也一直有著這樣的想法，才會如此的稱許顏回的不改其樂啊！

四十九、閔子騫不為季氏宰

季氏使閔子騫爲費宰。閔子騫曰：善爲我辭焉。如有復我者、則吾必在汶上矣。（雍也）

季孫氏派人去請閔子騫來做自己封邑費縣的邑宰。閔子騫就對那個被派來的人說：「請你好好地為我辭掉吧，如果季氏再叫人來召我的話，那我必然是要逃到汶水之上去了。」

閔子騫，姓閔，名損，字子騫，魯國人，少孔子十五歲。子路也曾推薦年輕的子羔到季氏的封邑費縣去作邑宰，而被孔子責備為過於年少。

汶水在魯國的北境，是和齊國交界的一條河流，閔子騫說，要到汶上去，意思是指，要逃到齊國去的意思。

閔子騫厭惡季孫氏的僭禮，所以，不願意成為費縣的邑宰，他的態度和積極推薦子羔的子路，是相反的，而閔子騫對出仕為官的態度和顏淵倒是極為相近的。

在孔子門下，不願意出仕為官的，他是其中之一。

五十、閔子騫的孝行

子曰：孝哉閔子騫。人不間於其父母昆弟之言。（先進）

孔子對別人稱讚閔子騫說：「真是孝順的閔子騫啊！他的父母兄弟都稱讚他的孝順，人們聽了並沒有異議。」

在流傳的二十四孝的故事裡，閔子騫被繼母虐待，而仍然能事之以孝，證諸孔子給予他的讚美，故事中所敘述的事，很可能真有其事。

一般而言，父母總是溺愛自己的子女，所以，當做父母的人，誇耀自己的子女，在外人看來，往往是不以為然的。但是，因為閔子騫的孝行顯著，所以，外人並不懷疑他的父母兄弟所稱讚他的話。

這一則，也有人把它解釋為：因為受到閔子騫的感化，而使他的父母兄弟都有所改變。和前面的解釋相比，後面的這種說法顯然有著教訓的意味。

古代和現代的好人好事，都可以作為效法的榜樣。人們不能僥倖以求福，也不能僥倖以避禍。

五十一、閔子騫不妄言

魯人為長府。閔子騫曰：仍舊貫如之何。何必改作。子曰：夫人不言、言必有中。（先進）

魯國準備要重新改造藏財貨的府庫。閔子騫說：「照老樣子，怎麼樣呢？何必要改造！」孔子聽到閔子騫說的話，就對人說：「這人平常很少開口說話，一開口，便很合理。」

閔子騫和顏回一樣，是沈默寡言的人。從孔子平日評論弟子的言談中看來，孔子對寡言的人，是較有好感的。

魯國要重新改造府庫，閔子騫以為那是浪費的行為；而他拒絕季孫聘他做費邑宰，或許也是因為他對季孫的奢侈浪費不滿吧。

很輕率的答應別人的要求，必定是很少恪守信用的人。對一個人，不僅要聽他說什麼，而且還要看他是怎樣做的。

五十二、不汲汲於仕途

子使漆雕開仕。對曰：吾斯之未能信。子悅。（公冶長）

孔子要派漆雕開去做官。漆雕開說：「我對這件工作還不能很有自信。」孔子聽了很高興。

漆雕開，姓漆雕，名開，字子若，少孔子十一歲，大約和子路差不多年紀。在論語中，只有這一章記載了有關他的事。

閔子騫拒絕了季氏的聘請之後，孔子的態度如何，不得而知，但從孔子和漆雕開的對話可以推知，孔子是喜歡弟子不汲汲於出仕為官的。

論語泰伯篇，孔子說：「三年學，不至於穀，不易得也。」有人解釋為：學了三年之後，一般人一定會想到要仕官。也有人解釋做：經過三年長久的學習，而心不在於求祿的，這種人是不容易看到的。所以，古人研究學問的目的就是出仕為官，能像漆雕開這樣有謙讓美德的人，並不多見。

五十三、冉雍仁而不佞

或曰：雍也仁而不佞。子曰：焉用佞。禦人以口給、屢憎於人。不知其仁。焉用佞。（公冶長）

有人說：冉雍是個有仁德的人，可惜口才不好。孔子說：「何必一定要用到口才呢？用利口來對付人，常會被人所厭惡。我不知道冉雍是不是稱得上仁，但是又何必要用口才呢？」

冉雍，姓冉，名雍，字仲弓，少孔子二十九歲，約和子貢等同年。佞是指好的口才。自古就有許多人以為有沒有口才，對一個人是重要的。如果冉雍是仁者，同時又具有好的口才，不是非常好的事嗎？可是事實上，善於言辭，又常以利口來與人抗辯的，就已經不是一種仁者的作法了。

孔子說：「巧言令色鮮矣仁」，所以，在論語中，常有孔子對具有口佞才能的人，給予打擊的情形，這章就是其中的一個例子。

五十四、冉雍可以做南面之至

子曰：雍也可使南面。（雍也）

孔子說：「冉雍啊！可以讓他去做個諸侯。」

「南面」是一國的國君聽治的位，天子或諸侯，坐在向南的位置，是古代的禮儀，所以臣子坐南向北，和君相對。在日本古代，最有勢力的源氏和平家的武士，叫做北面武士，就是取自我國以臣下來守護主上的意思。

冉雍不但被人稱為是個仁者，而且具有「南面」的氣度，所以，孔子才會如此地稱許他，不過，在孔子的態度上，卻不像對顏淵那樣地親近。

如果只記著別人的缺點，忘記別人的優點，這樣去尋求天下的人才，那就困難了。要求一個人盡善盡美，一百個人之中亦難找到一個。因此，選擇人才不能要求完美無缺。用人用他的長處，不勉強去用他的短處。

五十五、居簡行簡則太簡

仲弓問子桑伯子。子曰：可也簡。仲弓曰：居敬而行簡、以臨其民、不亦可乎。居簡而行簡、無乃大簡乎。子曰：雍之言然。（雍也）

冉雍問孔子說：「子桑子是不是也可以做個諸侯呢？」孔子說：「還可以，他做事是寬略而不煩的。」冉雍說：「在上位的人能存心敬肅而做事寬略，以治理民眾，不就可以了嗎？若是在上位的人存心寬略而做事也是寬略，就未免太簡略了吧？」孔子說：「冉雍說得對。」

冉雍是「不佞」的，孔子對冉雍所講的，所下的結論是：雍之言然。這樣的結論，就像對閔子騫所下的評語「夫人不言，言必有中」的意思一樣。

不登上高山，不知道天有多高；不靠近深溪，不知道地有多厚。道路雖然很近，不前進不會到達；事情雖然很小，不去做不會成功。凡事不如動手去做。

五十六、犁牛之子

子謂仲弓曰：犁牛之子、騂且角、雖欲勿用、山川其舍諸。（雍也）

孔子對冉雍說：「身上有雜紋的牛，牠所生的小牛，如果是頭角端正而且是純赤色的，人們雖想不用牠來做祭祀時的犧牲，但山川之神怎肯捨棄牠呢？」

犁牛是毛色有雜文的牛。騂且角是說牛的毛色純赤而且頭角端正。騂且角的小牛，常被選作祭祀時的犧牲，是受人看重的。

冉雍的出身微賤，「犁牛之子，騂且角」的話是鼓勵冉雍，不可以自己的出身為念，犁牛之子，如果是騂且角的，則山川之神也難捨棄。冉雍的家世雖然低微，但他本身的品德和才幹都受到時人的肯定，否則，孔子也不會說「雍也，可使南面」的話了。

有見識的人，見到事情的微小徵兆，都能從事物的萌芽狀態中，看到它的必然結果。

五十七、冉伯牛有德卻遇惡疾

伯牛有疾。子問之。自牖執其手、曰：亡之。命矣夫。斯人也、而有斯疾也。斯人也、而有斯疾也。（雍也）

冉伯牛病得很重，孔子去慰問他。孔子到了他家，從窗外握著冉伯牛的手，歎息著說：「如果不行了，那真是命啊！這樣好的人，怎麼會生這樣的病！這樣好的人，怎麼會生這樣的病呢！」

冉伯牛，姓冉，名耕，字伯牛。伯牛罹患了不治之症，從孔子去探問的時候，必須自窗外去握他的手看來，可能是得了某種會傳染的病；後世有人說是痲瘋病，而對不能接近的病人，孔子仍去看望他，可知孔子對弟子的愛護。

顏回、閔子騫、冉雍、冉伯牛四人，在孔子門下的四科十哲中，是屬於德行的一類。關於冉伯牛的事，除了先進篇論孔門四科十哲時提到之外，只有本章有他的記載。對冉伯牛，孔子是非常親切的；在德行科的四個弟子，都是沈默寡言，在出仕為官上，也都採消極態度。

五十八、既往不咎

成事不說、遂事不諫、既往不咎。（八佾）

魯哀公問宰我關於祭祀土地神時該用那一種樹木的神主才合適。宰我回答道：「夏朝是用松樹，殷朝是用柏樹，周人是用栗樹。周人立社採用栗樹，是為了要使百姓戰慄。」孔子聽到宰我這樣對魯哀公說以後，就說：「已成過去的事，不必再解說；已造成的事實，不能再諫阻。已往的事，不再追究了。」

宰我，姓宰，名予，字子我，又稱宰我。

古代，天子建天下後必要立社，來祭祀土地神，並樹立那個地方所適宜生長的樹木，來作為社主。魯哀公問宰我關於社主的事，宰我列舉出三代的社樹來回答。夏代建都安邑，其野適宜松樹；殷代建都亳，其野適宜柏樹；周代建都鎬，其野適宜栗樹。宰我並不知道這樣的情形，所以才說「使人戰栗」，實在是穿鑿附會的說法，孔子故而責備他。

五十九、宰予晝寢

宰予晝寢。子曰：朽木不可雕也。糞土之牆、不可杇也。於予與何誅。子曰：始吾於人也、聽其言而信其行。今吾於人也、聽其言而觀其行。於予與改是。

（公冶長）

宰予大白天睡覺。孔子看到了就說：「腐朽的木頭不可能再用來雕刻，骯髒的土牆不可能再粉飾。我對宰予還有什麼好苛責的啊！」孔子又說：「起初我對人的看法，是聽那個人所講的話，就相信他的行為。而現在我對人的看法，是聽了他所講的話之後要再看他的行為。這是因為宰予使我改變觀念的。」

在論語中，孔子責備弟子的章節很多，但是，以這一則，宰予被責備的情形，最為嚴厲。從孔子所說的「今吾於人也，聽其言而觀其行。於予與改是」看來，宰予或許是一個言行不一致，或者是善於口佞的人。

不過，孔子最後所說的兩句話，倒可以作為我們對人作觀察時的原則。

原文中，「子曰：始吾於人也，……」的「子曰」，曾有人懷疑為衍文，不然的話，在意思上，就不能前後連貫了。

六十、仁者不昧於事理

宰我問曰：仁者雖告之曰井有仁焉、其從之也。子曰：何為其然也。君子可逝也、不可陷也。可欺也、不可罔也。（雍也）

宰我問孔子說：「有一個仁者，如果有人告訴他說：井裡有人掉下去了，他是不是也會跟著跳下去救人呢？」孔子說：「為什麼要這樣做呢？君子可能會到井邊去救人，但不能使自己也一起陷在井中。他可能一時受騙，但不可能被不合理的事所蒙蔽。」

「井有仁焉」的「仁」，是當作「人」的意思。孔子平日教弟子應該以「仁」作為追求的目標，所以，才向孔子提出「仁者」在處理緊急事件時，所該採取的態度，而孔子並不正面回答，只說出：一個君子的心，是不會昧於事理的，否則又怎能稱得上是君子呢？君子尚且如此，仁者豈不更然？

因此，在小事情上謹慎，就不怕在大事情上出紕漏；對眼前的事情抱有警惕，長遠的事情就不出差錯。

六十一、守父母之喪三年

子曰：予之不仁也。予生三年、然後免於父母之懷。夫三年之喪、天下之通喪也。予也有三年之愛於其父母乎。（陽貨）

宰我問：「為父母守喪三年，其實一年已經夠久了！君子三年不習禮儀，禮要敗壞；三年不習樂，樂要荒廢；而且老的穀子已吃完，新的穀子也已登場，鑽木取火時用的木頭也都換掉了，守喪一年也就可以終止了。」孔子說：「父母去世後，吃好的米飯，穿好的錦帛，在你能心安嗎？」宰我說：「我能安心！」孔子說：「你能安心的話，那你就這樣去做吧！」

一般的君子在守喪期間，吃好的東西不覺得它是甘美，聽音樂也不覺得快樂，日常起居內心感到不安，所以才願意這樣做。現在你既然認為可以心安，那就照你的意思去做吧！等宰我走出去以後，孔子就對其他的弟子說：「宰我真是個不仁的人啊！兒女在生下來三年後，才離開父母的懷抱。所以三年的喪禮，是天下通行的喪禮。宰我啊！他有沒有三年的愛心來追思死去的父母呢？」

宰我認為父母歿，服一年之喪已足夠，是基於工作的效率，而孔子則以為父母之於兒女的褓抱之恩，兒女三年才免於父母之懷，所以，三年之喪，是天下通行的喪禮。

北方以稻米為貴，居喪者不食稻；錦為采衣，居喪者應服素，所以，不宜衣錦。

六十二、孔子從恭儉而擇禮

子曰：麻冕禮也。今也純儉。吾從眾。拜下禮也。今拜乎上泰也。雖違眾、吾從下。（子罕）

孔子說：「祭禮中戴的黑色細麻做的冠，這是古禮，現在都改用黑絲做的了，比用麻做的節省，我跟從大家這樣做。臣子對國君行禮的時候，拜於堂下，這是古禮，現在都在堂上行下拜禮，這樣做是不恭敬的，而且顯得驕泰，雖然違逆了大家的意思，我仍然還是拜於堂下。」

雖然，麻冕和拜下，都是古禮，但前者是指冠的材料，所以，當今禮較為節儉時，孔子願意從眾；而後者則是指君臣之禮，尊卑之分，若今禮，拜於堂上，在孔子看來，為臣的人，未免有驕泰的意味，而顯得臣不臣了。

從前一則的「三年之喪」和這一則的「吾從下」兩處看來，孔子對禮的固執，完全是基於仁的考量，而不是無意義地拘泥於古禮。

六十三、我愛其禮

子貢欲去告朔之餼羊。子曰：賜也、爾愛其羊。我愛其禮。（八佾）

子貢要把每月告朔所供奉的羊給免掉。孔子就對他說：「賜啊！你愛惜的是那隻羊，我卻愛惜這種禮節。」

古代是以月的盈虧，來推演出曆法，這種推算必須由天子決定。天子在每年的季冬，頒發第二年每月的朔日給諸侯，諸侯接受了以後，把它藏在祖廟裡，每月的初一日就用羊來告廟，請求祖先的應允而頒行於國中。這種禮節本該由諸侯來做，但是，後來漸漸演變只供奉牲禮的形式而已。

子貢的「欲去告朔之餼羊」和宰我的「期已久矣」的想法不謀而合，都是功利主義的主張，在孔子門下，這些優秀的弟子眼中，或許以為他們的老師是太墨守古禮了吧！

在告朔之禮祭於祖廟時，要供奉一隻羊做牲禮，殺而未烹，叫做餼羊。

六十四、季氏僭禮祭泰山之神

季氏旅於泰山。子謂冉有曰：女弗能救與。對曰：不能。子曰：嗚呼、曾謂泰山不如林放乎。（八佾）

季氏要去祭泰山。孔子對當時做季氏宰的冉有說：「你不能設法阻止這件事嗎？」冉有回答說：「我沒有法子阻止。」孔子就嘆氣著說：「唉！難道說泰山之神還不如林放嗎？」

冉有，名求，魯國人，少孔子二十九歲，曾做季氏的宰，季氏驕奢越禮，冉有對他並未勸諫。「旅」是祭祀之名稱，在周代，只有天子才能祭泰山，所以，季氏要去旅祭泰山，是僭禮的行為。

林放是魯國人，曾經由孔子請教禮的本意。林放只是一個普通人，尚且知禮的重要，而今季氏居然僭禮去祭泰山之神，難道以為泰山之神還不如林放的知禮嗎？這是孔子譏笑季氏祭泰山的不合理。

六十五、小子鳴鼓而攻之可也

季氏富於周公。而求也爲之聚斂而附益之。子曰：非吾徒也。小子鳴鼓而攻之可也。（先進）

季氏比周公旦的後世還要富有，而冉求擔任季氏的宰，還替他急徵賦稅，搜刮百姓，使季氏更加富有。孔子說：「他不是我的門徒，弟子們，你們可揭發他的罪而去聲討他！」

此則中的「周公」，一說為周公旦之後，世襲周王室之公而留在周王朝的人；另一說為指魯門的國君，因為魯是周公的封國。無論是那一種說法，季氏的富有都足以敵國。冉有和子路二人是孔子弟子中，最具有政治才能的人，所以才能在季氏家中被重用。然而，他做季氏的家臣，先有季氏旅祭泰山，不去勸諫，有失輔佐之道，然後又幫助季氏搜刮聚斂不義之財，可說是季氏的共犯，這些都是讓孔子說：「小子鳴鼓而攻之」，這樣生氣的話的原因。

六十六、君子濟貧不繼富

子曰：赤之適齊也、乘肥馬衣輕裘。吾聞之也、君子周急不繼富。（雍也）

子華出使到齊國去了，冉求代替子華的母親請求米糧的補貼。孔子說：「給她六斗四牛。」冉求請求再增一些，孔子說：「再加二斗四升吧。」然而冉求卻給他母親八十斛。孔子說：「赤這次到齊國去，駕著肥壯的馬，穿著輕暖的皮衣。我聽說：君子該去周濟貧窮的人，不該做使富有的人更加富有的事。」

原思當孔子的家宰，孔子給他俸米九百斗，原思認為太多，不肯接受。孔子就對他說：「不要拒絕了！你可以拿些去分給你的鄰里鄉黨啊！」

赤是公西赤，字子華，少孔子四十二歲，在孔子弟子中是善於外交的。原憲，字子思，少孔子三十六歲。

公西華既然乘肥馬，衣輕裘，家境自然是富裕的，而冉求一再為他請求米糧，最後還是給了八十斛；孔子對這種作法不以為然。史記仲尼弟子列傳中記載原憲家境貧窮，所以孔子多給他俸米，由此可以證明君子是因濟窮困而不繼富的。

釜是六斗四升，庾是二米四升，秉是十六斛，一斛有十斗：這些都是古代容量的名稱。

六十七、勉人力學不可畫地自限

冉求曰：非不說子之道。力不足也。子曰：力不足者、中道而廢。今女畫。（雍也）

冉求說：「並不是我不喜歡老師講的道理，實在是我的力量不夠。」孔子說：「說自己力量不夠的人，多半是走到一半便停下來，現在你就是畫地自限不想前進。」

論語先進篇，孔子曾評論冉求說：求也退，故進之。由此可知冉求的個性是畏縮不前的，證諸這章，冉求的確是個猶豫不決的人，當季氏要祭泰山，孔子曾對他說：「女弗能救與？」冉求居然斷然地回答說：不能，而不願嚐試去做。當子華出使齊國，為子華的母親請求米糧，也是因為這種退縮而產生的討好個性。

大丈夫應當高飛，怎麼能夠伏地不起呢？人們應該只是知道去做有益於人的實事，而不必去計較個人的出息前途。有遠大志向的人，必須擺脫習慣的約束，努力奮鬥，擺脫困境。

六十八、縱虎歸山誰之過

季氏將伐顓臾。冉有季路見於孔子曰：季氏將有事於顓臾。孔子曰：求、無乃爾是過與。夫顓臾、昔者先王以爲東蒙王、且在邦域之中矣。是社稷之臣也。何以伐爲。冉有曰：夫子欲之、吾二臣者、皆不欲也。孔子曰：求、周任有言、曰、陳力就列、不能者止。危而不持、顛而不扶、則將焉用彼相矣。且爾言過矣。虎兕出於柙、龜玉毀於櫝中、是誰之過與。冉有曰：今夫顓臾、固而近於費。今不取、後世必爲子孫憂。（季氏）

季氏將去討伐顓臾。冉有和子路一起來見孔子，說：「季氏將出丘去討伐顓臾。」孔子說：「求啊！這未免是你的過失吧？那顓臾，從前我們的先王封他為東蒙山的主祭人，而且又在魯國的境內，是魯國的臣屬，為何還要討伐他呢？」冉有說：「這是季孫想要這樣做，我們兩個家臣都不願意這樣做的。」孔子說：「求啊！從前有個史官周任說過：擔任了一項職務，就要盡力去做，如果不能盡才力，就該辭去這個職務。譬如你去扶助盲人，遇到了危險卻不能扶持他，快跌倒了也不能扶助他，那又何必要有扶助盲人的人呢?況且你說的這句話是不對的!如果有老虎、野牛從獸柵裡逃出來，龜和玉在匣子裡給人毀了，這不是管理的人失職，那是誰的過失呢?」冉有說:「如今的顓臾，城郭堅固，又靠近季氏的封邑費縣;現在不去攻取，後代的子孫就一定會受到他的禍害。」

在論語中，很少出現如此長篇幅的情形，這一則是論語的第二長篇，僅次於先進篇的「不吾知也」的那一則。這篇會如此的長，是孔子引用了許多的譬喻，如:危而不持，顛而不扶，焉用相?虎兕出於柙，龜玉毀於櫝等，來說明冉求和子路，既然身居其位，就竭盡才力而為，如不能施展才力，就要辭去，而不能以「夫子欲之，吾二者者，皆不欲也」，來推卸自己的職責。

國家的弊端在哪裡?在於內外大小各種臣子，只知道占有官位而不知道當那種官要做什麼事。心術不好的人當政掌權，那些坑害國家的蛀蟲就無法消滅。

同理，上司與部屬之間的合作共事，如果不是因為彼此遵循的原則相同，而僅僅是利益方面互相利用的話，這樣的關係，是很少能夠保持到底的。

六十九、不患寡而患不均

孔子曰：求、君子疾夫舍曰欲之、而必爲之辭。丘也聞、有國有家者、不患寡而患不均、不患貧而患不安。蓋均無貧、和無寡、安無傾。夫如是。故遠人不服、則修文德以來之、既來之、則安之。今由與求也、相夫子、遠人不服而不能來也。邦分崩離析而不能守也。而謀動干戈於邦內。吾恐季孫之憂不在顓臾、而在蕭牆之內也。（季子）

孔子聽到冉求說，現在不去攻打顓臾，子孫就會受到禍害，而對冉求說：「求啊！君子最討厭的就是捨去自己的貪慾不說，而還要為自己說些掩飾的話。我聽人講過，一個諸侯的國，或卿、大夫的家，不愁財富少，只愁財富不能平均，不愁民戶少，只愁上下不能相安。因為財富平均，就沒有貧窮，和諧就不會覺得民少，相安就不會有傾覆的現象。能這樣，如果遠方的人還不歸順，便整頓禮樂文教來柔懷他們。他們既然受感化了，更要安頓他們。現在仲由和冉求，你們輔佐季氏，遠方的人不歸順，又不能柔懷他們，國家分離瓦解，又不能保持完整，卻謀求國內動干戈，我怕季孫應該憂患的，並不在顓臾，而在自家的門屏裡面吧！」

冉有和子路一同去見孔子，向孔子報告季氏有事於顓臾，而孔子在說話中，只就冉有責備，也許是因為冉有要為這事負較大的責任吧！

像「季氏旅於泰山，子謂冉有曰：女弗能救與」的一章一樣，孔子以為既為臣下，就有阻止主上不當行為的職責，若不能盡到責任，就應該辭去職務，這是為官者出處去就之道。

「不患寡而患不均，不患貧而患不安」是當時的成語，清俞樾古書疑義舉例一書中以為當作「不患貧而患不均，不患寡而患不安」。

制止了災禍混亂，是武力的功業；能夠恢復秩序，使國家安定和繁榮，是開明政治的結果。離開靠武力造就的功業，就不能制止災禍和混亂；沒有開明政治的推行，也不能使國家安定繁榮。唯有盡力去做擴大恩德的事，國家就興旺發達；如果拼命去擴充領土，國家就會招致滅亡。

七十、先進後進

子曰：先進於禮樂、野人也。後進於禮樂。君子也。如用之、則吾從先進。

（先進）

孔子說：「先進的一輩，所制作的禮樂，重樸質，好比是鄉下人一樣。後進的一輩，所制作的禮樂，重文飾，好比如城市人。如果在邦國、朝廷、宗廟用禮樂，我還是遵從先進的一輩。」

「先進」、「後進」兩個辭彙是出自於這一章。孔子在五十五歲到六十八歲之間，曾經周遊衛、齊、楚等國。這章裡所謂的「先進」，就是指孔子在周遊列國之前所教的弟子，如顏淵、子路、子張、閔子騫等人；「後進」則是指孔子周遊列國後，回到魯國來，才入孔子門下的弟子，如曾子和子游、子夏等人。

雖然內容很簡短，但是，不難看出來「先進」和「後進」的特長和差異；以及孔子對先進的親切感。

七十一、孔子四科十哲

子曰：從我於陳蔡者、皆不及門也。德行顏淵閔子騫冉伯牛仲弓。言語宰我子貢。政事冉有季路。文學子游子夏。（先進）

孔子說：「以前跟從我在陳蔡的學生，現在都不在門下了。在德行方面，好的有：顏淵、閔子騫、冉伯牛、仲弓。在言語方面，好的有：宰我、子貢。在政事方面，好的有：冉有、子路。在文學方面：好的有：子游、子夏。」

這則所記的孔門四科十哲，以及他們各人的所長。德行科的四人，言語科的二人，政事科的二人：以上所包括的弟子，就是上一則所謂的「先進」。而文學科的子游和子夏，則是「後進」的代表。

從此則以後，我們要介紹的是在孔子弟子中，屬於「後進」的弟子。

七十二、割雞焉用牛刀

割雞焉用牛刀。（陽貨）

武城是魯國的一個縣邑，孔子的弟子做了武城的邑宰。孔子到武城去，聽到弦歌的聲音，就微笑著對弟子們說：「殺雞又何必用牛刀呢？」子游回答道：「以前，我常聽老師告訴我們，在位的官吏學了禮樂之道，就能愛民，普通的百姓學了禮樂之道，就容易聽從教令。」孔子就說：「弟子們！言偃講得很對，我剛才說的只是開玩笑的啊！」

子游是吳國人，姓言，名偃，字子游，少孔子四十六歲。關於這章的「割雞焉用牛刀」，有兩種解釋：

第一種說法，是現今通用的成語的意思：比喻處理小事，不須用大手法；治理武城這個小邑，以治國的禮樂來作為方法，子游似乎是小題大作了，因此，孔子不知不覺地笑了起來。另一種說法，是聽到了樂聲的孔子，覺得像武城這樣的小城，而由子游這樣有大才幹的人來治理，是太大材小用了。

到底那一種說法較為貼切，沒有一個定論，不過，從子游回孔子的話看來，子游以為孔子是出自於前面的一種意思。

七十三、不走捷徑的人

子游爲武城宰。子曰：女得人焉爾乎。曰：有澹台滅明者。行不由徑。非公事、未嘗至於偃之室也。（雍也）

子游在當武城邑宰的時候，孔子問他說：「你在武城有沒有發現什麼人才呢？」子游回答說：「有個叫澹台滅明的人，他從不走小路捷徑，如果不是為了公事，也從來不會到我的房間裡來。」

根據史記仲尼弟子列傳記載，澹台滅明，姓澹台，名滅明，字子羽，武城人，後來也入孔子門下為弟子，比孔子少三十九歲。據傳，澹台滅明的面貌醜陋，孔子見到他，觀察他的言談，覺得他以後不會有成就。不久，澹台滅明在魯國嶄露了頭角。澹台滅明主張祿賜的授受以及官職的去就，該以義為重。後來，他的弟子達到了三百人之多。孔子看到澹台滅明這樣，就說：「我以言取人，失之宰予；以貌取人，失之子羽。」我因為那人善於辯才，而判斷他的人格，而對宰予有了錯誤的看法；我因為一個人的面貌來判斷他的成就，而對子羽有了錯誤的估計。

七十四、事君交友之道

子游曰：事君數、斯辱矣。朋友數、斯疏矣。（里仁）

子游說：「事奉國君不可太繁瑣，屢次諫過，這樣反而會遭受侮辱。交朋友不可太繁瑣，屢次諫過，這樣反而會被人家疏遠。」

子游的個性是公私分別的，在這一章裡可出看得出來這樣的性格。

前面的一則是以上司的立場，來評鑑部下，此則是論以下屬的身分來對待長官該有如何的心理準備。

※　※

使用人的智慧，應避免他把聰明才智用於欺詐；使用人的勇敢，要避免他濫用自己的勇氣。提拔有才能的人而不使用，只是徒有提拔人才的虛名，而並沒有得到有才能的人的真實好處。使用人才的要領，在於委以重任。重用人才的學問，在於長期地重用他們。

七十五、小節未盡善亦無妨

子游曰：子夏之門人小子、當洒掃應對進退。則可矣。抑末也。本之則無。如之何。（子張）

子游說：「子夏的那些弟子，做些灑掃庭院，應答賓客，進退儀節，倒還可以；可是，這些只是末節，根本的道理卻沒有，這怎麼好呢？」子夏聽到後，便說：「唉！子游的話說錯了！君子傳授別人道理，那些是放在前面傳授的呢？那些是放在後面，教倦了就不教了呢？好比栽種草木一樣，都有類分。君子教人，怎麼可以不分深淺用欺罔來教人呢？有始有終有本有末，只有聖人才能做到吧！」

子游和子夏所說的，到底誰說的對呢？我們姑且不去討論。孔子門下年輕的弟子，他們對教育的課程是很有心得的，而且也包括弟子的弟子在內；這種討論，在子路、子貢這些「先進」中，是從來沒有的，這是因為，在先進的弟子所制作的禮樂是「野人」，後進的禮樂是君子。

七十六、子張論與人結交

子夏之門人、問交於子張。子張曰：子夏云何。對曰：子夏曰：可者與之、其不可者拒之。子張曰：異乎吾所聞。君子尊賢而容眾、嘉善而矜不能。我之大賢與、於人何所不容。我之不賢與、人將拒我。如之何其拒人也。（子張）

子夏的弟子，向子張請教交友之道。子張說：「你們的老師子夏是怎麼說的呢？」那些弟子回答說：「我們的老師說，可交往的人便和他做朋友，不可和他交往的人便拒絕和他交往。」子張聽完了，就說：「這和我以前所聽到的不同，我聽到的道理是，君子要尊敬賢人而容納眾人，獎勵善良的而同情那些不能的人。我如果是個大賢人，對任何人有什麼不能容納的呢？我如果是個不賢的人，人家將拒絕我，我又怎麼可以去拒絕別人呢？」

子夏，姓卜，名商，字子夏，較孔子年輕四十歲。

子張，姓顓孫，名師，字子張，陳國人，較孔子年輕四十八歲。

在本書第二十二則中，子貢問孔子：「師與商孰賢？」孔子回答說：「師也過，商也不及。」很明顯地指出了此二人個性上的缺點。被認為是「過」的子張，是積極的人，而被認為「不及」的子夏，則是屬於消極派的，這從他們二人論交友的主張上也可以看得很清楚。

子夏論交友，主張「可者與之，其不可者拒之。」這是從孔子「無友不如己者」的教誨出發，加以引申出來，而拿來教訓自己的弟子，教他們用明顯的態度去和朋友交往的。子張以為交友之道該秉持：君子尊賢而容眾，嘉善而矜不能。這恐怕是從孔子「三人行，必有我師焉；擇其善者而從之，其不善者而改之」的教誨，加以積極地闡發而來的。

前則和本則所談的內容，在先進弟子之中，是無法看到的。而孔子門下的後進弟子，彼此的言論，按著他們各人的才能，把孔子的各種思想，呈現了不同的分化過程。

七十七、繪事後素

子夏問曰：巧笑倩兮、美目盼兮、素以爲絢兮、何謂也。子曰：繪事後素。曰：禮後乎。子曰：起予者。商也始可與言詩已矣。（八佾）

子夏問孔子道：「古詩經上說：美人巧笑時雙頰微動的樣子多好看呀，秋波流盼多美呀，粉白的底子再畫上五彩的顏色，就更加美麗了。這三句詩是指什麼？」孔子回答說：「這是說，畫畫時先把白底抹好，然後再加上五彩的顏色。」子夏聽完孔子說的話，就說：「這不就是人先要有忠信的美德，然後再用禮來文飾嗎？」孔子說：「能啟發我心意的是商了，像這樣可以跟你談詩了！」

在第十八則中，孔子也曾說，賜也始可與言詩已矣。孔子教弟子是循序漸進的，並勸弟子學詩，所以常以詩經作為教材。

本章中，孔子說：「起予者商也。」在先進篇中，孔子曾說：「回也，非助我者也。」兩種說法雖看似相反，卻都是稱揚的意思。

「繪事後素」的成語就是出自於本章。

七十八、四海之內皆兄弟

司馬牛憂曰：人皆有兄弟。我獨亡。子夏曰：商聞之矣。死生有命、富貴在天。君子敬而無失、與人恭而有禮、四海之內、皆兄弟也。君子何患乎無兄弟也。（顏淵）

司馬牛憂愁地向子夏說：「人家都有好兄弟，唯獨我沒有！」子夏說：「我聽人家說：生死是命中註定，富貴是由天意來安排的。君子只要存敬而沒有過失，對人恭敬有禮貌，那麼天下的人，都可以做你的兄弟。君子又何必憂慮自己沒有好兄弟呢？」

司馬牛是孔子的弟子，姓司馬，名耕，字子牛。他是司馬桓魋的弟弟。桓魋是宋國的背叛者，孔子到宋國，司馬桓魋也曾欲加害孔子。桓魋離宋出奔後，其弟司馬牛將其兄之領邑歸還宋，然後到孔子門下求學，因為有這樣的兄長，難怪司馬牛要憂歎：人皆有兄弟，我獨亡！

君子之間的交情，是以合乎正義的原則為基礎的，不需要朝夕在一起相處。只要內心一致，自然就彼此了解。

七十九、知人為仁

樊遲問仁。子曰：愛人。問知。子曰：知人。樊遲未達。子曰。舉直錯諸枉、能使枉者直。樊遲退、見子夏曰：鄉也吾見於夫子而問知、子曰：舉直錯諸枉、能使枉者直。何謂也。子夏曰：富哉言乎。舜有天下、選於眾舉皋陶、不仁者遠矣。湯有天下、選於眾舉伊尹、不仁者遠矣。（顏淵）

樊遲問怎樣才算是仁？孔子說：「愛護眾人。」又問怎樣才算是明智。孔子說：「能明察人的好壞。」樊遲未明白孔子的意思。孔子說：「舉用正直的人，讓他處在邪曲的人之上，能使邪曲的人也正直。」樊遲退出，又去見子夏，告訴子夏孔子說的那一段話，並問他是什麼道理。子夏說：「這話說得好極了！舜有了天下，在眾人中選用皋陶，做為他的臣子，那些不仁的人也就遠離了；湯有了天下，在眾人中選用了伊尹，做為他的相，那些不仁的人也就遠離了。」

舜是古代的聖王，皋陶是舜時五賢臣之一。

湯是殷之始祖，伊尹是輔佐湯的功臣，湯時驅逐了昏君太甲，以之為攝政，而鞏固了殷王朝的基礎。

樊遲，姓樊，名須，字子張，比孔子少三十六歲。曾為孔子的御車者，所以，是在孔子身邊的弟子。除了這章以外，還有另外兩次的提出問題，而且他又曾向孔子詢問稼和圃的事。從這則的問話和反應看來，樊遲的個性是魯鈍而不靈巧的，不過，因為他的問話，而使我們可以看到有關仁和知的簡明回答。

※　※

每一個人，無論他是蠢笨還是聰明，都喜歡名聲和地位，所以，都裝出一副正經的外表，而內心卻懷著不正當的念頭。風猛烈才知草強勁，社會動亂時才能辨別誰是忠誠的臣子；有勇無謀的人怎能懂得道義？明智的人才能胸懷仁慈。

一個人承擔的工作有輕有重、有大有小，唯一可以衡量他的是，看他盡到最大的努力沒有。

八十、賢賢易色

子夏曰：賢賢易色、事父母能竭其力、事君能致其身。與朋友交、言而有信、雖曰未學、吾必謂之學矣。（學而）

子夏說：「一個人能改變他好色的心去尊重賢人，事奉父母能盡力，事奉君上能獻身盡職，跟朋友交往，能言談信實，這樣的人，雖自謙說未經學問，我必然會說他是有學問的。」

從子夏的觀點看來，子夏不僅長於文學，在研究學問時，也是重視實踐的。

在現今的社會，有許多年歲較大的人，由於民初教育風氣未開，或受內亂、外患、戰爭的影響，而失去受正式學校教育的機會，但是，在這些人裡面，必然有著讓人感到他學養及閱歷皆豐富的人，這豈不就是像子夏所說的，雖然「無學」，實際上卻是「有學問」的人。

有人說：「即使智力低下，但如果對將要面臨的事情有所準備，他所收到的功效，與最聰明的人相比，也毫不遜色。」

八十一、學與仕

子夏曰：仕而優則學。學而優則仕。（子張）

子夏說：「做官的人如果在行政之後仍有餘力，便應該去研究學問，學者在研究學問時仍有餘力，便應該出來做官。」

論語曾記載子夏為莒父宰，從事官職，對於行政工作，有實務經驗，以子夏的觀點來看，擔任官吏，從事行政，是仕的責任和目標。

在原文中，只是將「仕」和「學」二字的位置互調，而形成像對聯般的兩句，很像文字的遊戲，這在中國文字中是最特殊，也是最受人喜愛的。「仕而優則學，學而優則仕」，是利用修辭的技巧，點出孔子的弟子在孔門求學的目標，同時，也使人看到了「仕」和「學」之間有著互補的關係。

人一生下地就要志在四方，嚮往大雁天鵝那種遠走高飛的宏偉目標。

八十二、以誠信使民事君

子夏曰：君子信而後勞其民。未信則以爲厲己也。信而後諫。未信、則以爲謗己也。（子張）

子夏說：「在位的人要先得到民眾的信任，然後才能使民眾去服勞役；如果沒有得到民眾的信任而要他們服勞役，則民眾會以為那是虐待自己。在下位的人要先得到上位者的信任，然後再向他進諫；如果沒有得到上位者的信任便進諫，在上位的人會以為是毀謗他。」

這是子夏從自己的行政實務經驗中所體驗到的。所謂「信而後勞其民；未信，則以為厲己」是君使民之道；「信而後諫；未信，則以為謗己」則是臣事君之道。君使民，或臣事君都要配合時機，才能使事情圓滿達成，而「時機」包含的因素極多，信任便是其中之一。「信而後諫；未信，則以為謗己」，可作為七十四則「事君數，斯辱矣」的補充。

討人喜歡的是巧言，聽著刺耳的是直言，不可不辨。

八十三、小道可觀但不足以成德

子夏曰：雖小道、必有可觀者焉。致遠恐泥。是以君子不為也。（子張）

子夏說：「雖是一些小技藝，也必定有可觀的地方，但是，如果想據此而推求出高遠的道理，恐怕就行不通了，所以，君子不願去學這些。」

論語子罕篇，孔子曾說：「吾少也賤，故多能鄙事。君子多乎哉？不多也！」孔子的意思是，君子是不必要多能的。

孔子所說的，和子夏的意思一樣。當子夏要去赴莒父宰的任時，孔子告誡他：「無欲速，無見小利。」由於子夏研究學問非常深入，所以，常造成對細微的事拘泥的現象。

就如子游曾經說：「子夏之門人小子，當灑掃應對進退，則可矣，抑末也，本之則無。」因此，在這一則裡，子夏之所以如此說，恐怕是有自我警惕的意思吧！

八十四、君子有三變

子夏曰：君子有三變。望之儼然。即之也溫。聽其言也厲。（子張）

子夏說：「我們一般人對君子的觀念，有三種不同的變化：遠遠望他，覺得他容貌端莊。接近他以後，覺得他和藹可親。聽到他說話，知道他是言辭嚴正的。」

容貌端莊，並不是說嚴肅、不能開玩，像這樣的人，與他相處久了，讓別人習慣了，自然就有著親切感；但是，等對方的態度將要輕褻、鬆懈，而又予以嚴厲的提醒，這就是君子，也就是顏回所說的「鑽之彌堅，瞻之在前，忽焉在後」。

述而篇，弟子形容孔子，態度是溫和而嚴厲；有威儀，但不兇猛；極恭敬，但自然安詳，這和子夏所說的君子三變，可以相對應來看。

※　　※

看相貌長得怎麼樣，不如評一評他的心性是否善良、行為是否符合道德標準。

八十五、子游和曾子評論子張

子游曰：吾友張也、爲難能也。然而未仁。（子張）

子游說：「我的朋友子張，像他那個樣子已經不容易做到了，然而他還沒有進入仁的境界。」

曾子對子張，也曾評論說：「子張好高遠堂皇的作風，真是難以跟他同行仁道。」在七十五則中，有子游和子夏的爭論；第七十六則中，又有子張和子夏的辯論；而這則則為子游和曾子對子張，分別加以評論，從這些論辯之辭中，可以使人知道，在這些後進的年輕弟子之間，是常互相批評的。

而這種現象，在「先進」的弟子之間，卻很少看到。

在論語全書中，我們可以發現，子張單獨發言的情形少，多半是向孔子提出質問；而子夏和子張則形成強烈的對比，他經常貪婪地向孔子提出許多的問題，難怪孔子要說出「師也過」的話來。

八十六、仁之難成

未知、焉得仁。（公治長）

子張問孔子說：「楚國的令尹子文，三次就任令尹，沒見他有喜色，三次被革職，沒見他有怨氣。他把自己當令尹時的施政情形，告訴新來接替他的人。像他這樣的人怎麼樣呢？」

孔子說：「這樣的人，算是忠的了。」

子張說：「可算為仁者嗎？」

孔子說：「這我不知道。怎能算得上仁者呢？」

子張又問道：「崔杼弒齊莊公，當時齊國大夫陳文子有馬四十匹，也都丟掉而離開齊國，到別國去，後來，他說，這個國家的大臣，還是和我們齊國的大夫崔子一樣！便又離開了齊國，再到另一國去，到了那裡，他又說：這裡的大臣，還是和我們齊國的大夫崔子一樣！於是又離開了這個國家。像陳文子這樣的人怎麼樣呢？」

孔子說：「這種人算是清高的了。」

子張問：「可算為仁者嗎？」

孔子說：「這我不知道，怎能算得上仁者呢？」

子張就楚國令尹子文和齊大夫陳文子這兩個實際的例子，來問孔子「仁」到底是什麼？像令尹子文那樣，雖自己遭到罷黜，卻能把工作，對新來接替職務的人，作詳細的移交，使以後的政治也能順利地推動，又像齊大夫陳文子，則是不處在臣弒君的亂邦：這兩件事，同樣的，都是很難做到的。

以子張而言，這兩個人的做法，都是難得的；然而，孔子卻不以為然，對令尹子文，孔子只許之以忠實，對陳文子，孔子以為那只能算是清廉的行為，談到「仁」，孔子認為其二人都還有一段距離。

※　　※

擔任官吏重要的是要明辨是非，處理事情重要的是公正無邪，立身為人重要的是清白無瑕。事事為自己打算的人，不懂得富貴可以毀滅生命，功名可以遭致禍患。

不能根據個人的偏愛而喜歡一個人，也不能根據個人的私怨而憎惡一個人。有天下為公的思想，才能夠做出使天下公平合理的事來。

八十七、求祿之法

子張學干祿、子曰：多聞闕疑、慎言其余、則寡尤。多見闕殆、慎行其余、則寡悔。言寡尤、行寡悔、祿在其中矣。（為政）

子張想學做官，向孔子請教。孔子說：「多聽別人說的，把你覺得可疑的擱在一邊，其餘的則謹慎地說，便會少過失。多看別人行事，把你覺得不妥的擱置在一邊，其餘的也要謹慎地去行，便會少悔恨。說話少過失，行事少後悔，祿位自然就在這裡面了。」

子張請教孔子的目的，是為了求得官職，而孔子的回答，卻是就一個人的言行提出他的原則，並不直接告訴子張求官祿的方法。

「闕疑」、「闕殆」的「闕」字，是疑問、擱置的意思。對心有所未信者，加以擱置，叫「闕疑」；對心有所未安者，加以擱置，叫「闕殆」。

除了為官吏者，應有闕疑、闕殆的處世態度，就是從事一般行業的人，如新聞記者、教師等，也應有這樣的修養。

八十八、子張書諸紳

（衛靈公）

子張書諸紳。

子張問孔子：「怎樣的做法，才能在各處通行無阻。」孔子說：「說話忠誠信實，行事篤厚恭敬，雖是到了異邦也行得通。說話不忠誠信實，行事不篤厚恭敬，雖是在鄉里間能行得通嗎？站著時，就好像忠信篤敬也站在你前面一樣；坐在車上，就好像忠信篤敬也靠在車前橫軛一樣，能夠這樣，自然到處行得通了。」子張聽到孔子所說的，立刻把它記在自己的衣帶上了。

「蠻貊之邦」是指南蠻和北貊，異族的邦國，這些國家的歷史、文化、風俗習慣等，都和我們中原不同，但是，只要是一秉忠信篤敬，亦可以使人人相互信任、了解，進而相處，以現在的情況而言，這是孔子的國際化論。

紳是衣服上的腰帶。論語一書不是孔子自己著述的，而是經由孔子弟子，及再傳的弟子編纂而成。因此，這則裡，強調子張不敢忘記孔子的話，而馬上將老師的言論寫在衣帶上，是如被人看見，而將此情形記錄下來，是很有趣味的一件事。

八十九、導樂師之禮

師冕見。及階。子曰：階也。及席。子曰：席也。皆坐。子告之曰：某在斯、某在斯。師冕出。子張問曰：與師言之道與。子曰：然。固相師之道也。

（衛靈公）

樂師冕來見孔子。走到台階前，孔子說：「這裡是台階。」走到座位前，孔子說：「這裡是座位。」等大家坐定後，孔子告訴他說：「某人在這兒，某人在那兒。」等樂師冕走了以後，子張問道：「跟樂師談話的方式就是這樣的嗎？」孔子說：「對的，這就是扶導樂師的方式了。」

在論語的另外一則，也曾記載孔子和瞽者相見的事，即使那位瞽者年紀很輕，孔子也一定起立相迎。瞽者是眼盲的人，古代的樂師都是眼盲者，在祭祀時任奏樂的工作。這則是說孔子對從事神職者的敬意。

長時間沿襲習慣的作法，就成了一種固定的風俗。從古至今，地位很高、生活優裕，能適可而止的人是很少的。

九十、十世可知

子張問：十世可知也。子曰：殷因於夏禮。所損益可知也。周因於殷禮。所損益可知也。其或繼周者、雖百世可知也。（為政）

子張問孔子：「十個朝代以後的事，可預先知道嗎？」孔子說：「商代因襲了夏代的禮制，其中有所增減的，現在仍可以知道。周代因襲商代的禮制，其中有所增減的，現在仍可以知道。也許將來有繼周而起的朝代，照這樣的推求，雖是一百個朝代以後的事，也可以預先知道的。」

所謂一世，是指王者易姓受命。損益，是指禮制上的增減。

研究過去的歷史，在經過時間的淘汰之後，所留下的東西仍然是可以推知的。但是，孔子把歷史研究的困難作以下的述懷，他說：「夏的子孫封在杞；殷的子孫封在宋，可惜這兩個的典籍和賢人不足，所以對我說出的大概，已經無法證實了。」

人的一輩子，就像一眨眼的工夫那樣短暫。從句中能看到一件事，從字外能類推幾件事。

九十一、三省吾身

曾子曰：吾日三省吾身。為人謀而不忠乎。與朋友交而不信乎。傳不習乎。

（學而）

曾子說：「我每天以三件事來作自我反省，那就是：為別人謀盡事情，有不盡心的嗎？跟朋友交往，有不信實的嗎？老師傳授給我的，有不溫習熟了的嗎？」

曾子是孔子的弟子，姓曾，名參，字輿，比孔子少四十六歲。他和子游、子夏、子張等都是「後進」的一輩代表人物。

孔子曾說「參也魯」，也就是說曾子在行為上有不靈巧的意思。史記中記載，孔子使曾子作孝經；在韓非子一書，記載曾子為了媳婦，在哄著哭的孩子而撒謊的故事。曾子是被認定為孝順的人，孝名一直流傳到後代。

「三省」的「三」，在這裡是指「忠」、「信」、「傳」三件事。

具有高尚品質，言行一致，不斷的修養，立身清白，這就是最大的富有；有崇高的志向，不卑躬屈膝，不屈辱苟活，這就是最高貴的。

九十二、曾子的戒謹

曾子有疾。召門弟子曰：啓予足、啓予手、詩云、戰戰兢兢、如臨深淵、如履薄冰。而今而後、吾知免夫、小子。（泰伯）

曾子病很得重的時候，召門弟子到自己的床前來。他對來到的弟子說：「掀開被子看看我的腳和手吧！詩經上說：要小心謹慎呀，好比走近深的水邊，好比踏在薄的冰上面。從今以後，我知道我可以免於毀傷了，弟子們！」

這一則是曾子的臨終之言。「啟」是開啟被子的意思，曾子平日，以為身體受於父母，不敢毀傷，所以叫他的弟子揭開被子來看。孝經中有：「身體髮膚，受之父母，不敢毀傷，孝之始也」的句子，可以和這一則的內容相照應來看。

自己不能做人楷模，豈只別人不聽自己教誨，還反被別人所鄙薄。凡是要對別人進行教育的人，必須首先對自己進行一番檢查，看自己做到沒有。

九十三、曾子遺言

鳥之將死、其鳴也哀。人之將死、其言也善。（泰伯）

曾子病情非常嚴重的時候，孟敬子去慰問他。曾子就對孟敬子說：「鳥將死，牠的鳴叫聲音很悲哀；人將死，所說的也必是真心善良的話。」在位的人，所應重視的道有三項，那就是：容貌依禮而動，便可遠離粗暴放肆；顏色適宜合禮，便可近於誠信，言辭合理得體，便可遠離鄙陋背理；至於器用瑣碎的事，有專管的人員。

孟敬子是魯大夫仲孫捷，是孟懿子的孫子。孟敬子在位，言語態度缺乏熟練，讓官吏去做些細瑣的事，而常感到得意。「鳥之將死，其鳴也哀；人之將死，其言也善」是當時的俚語，曾子引這俚語，是希望孟敬子能重視自己對他所做的一番臨終前的忠告。「籩豆」是祭祀時所用的禮器，籩是竹製的高腳器，豆是木製的。

大丈夫有作為於他那個時代，活著的時候，使人嚮往傾慕他，死了以後使人思念他。

九十四、曾子的孝道觀

曾子曰：吾聞諸夫子。孟莊子之孝也、其他可能也。其不改父之臣與父之政、是難能也。（子張）

曾子說：「我曾聽老師說過。孟莊子這個人的孝行，別的事情，人人都能做到，只有不去改變他父親在世時的臣子和不改變他父親所遺留的政事，這是別人所不容易做到的。」

孟莊子、魯大夫、姓仲孫，名速，在孔子三歲時就去世了，他的父親孟獻子，也是魯國賢明的大夫。處在叛逆無常，時有下弒上的社會，孟莊子能繼承父親的志事，而且不損害和家臣間的信賴關係，所以，他的孝行受到當代的稱讚。

孔子曾說：「父在觀其志，父沒觀其行。三年無改於父之道，可謂孝矣。」（學而篇）所以，孝子的孝行，不僅在父之生前，在父親死後三年不改父之道的，才算是真正的孝順。

九十五、曾子稱讚顏回的美德

曾子曰：以能問於不能、以多問於寡、有若無、實若虛、犯而不校。昔者吾友、嘗從事於斯矣。（泰伯）

曾子說：「自己是有才能的，卻去請問才能比自己低的人；自己知道得多，卻去請問知道得比自己少的人，有學問就像沒有學問的人一樣，才學充實卻像才學空虛的人一樣，別人觸犯了自己，也不計較。以前我的朋友顏淵，曾經在這方面下過功夫。」

這則是曾子在回憶到顏回時，所發出的對顏回的稱讚。一般人連「不恥下問」都很難做到，如果是「以能問於不能」，就更是不可能的事了。從這一則曾子對顏回的觀察，和顏回、季路各向孔子陳述志向時，顏回說：「願無伐善，無施勞」的志向，有很類似的感覺。

想要提升才幹和能力，就必須致力於增加見識，開闊眼界。不親眼目睹，不問個究竟，是不能真正通曉一件事物的。

九十六、君子的德行

曾子曰：可以託六尺之孤、可以寄百里之命、臨大節而不可奪也。君子人與、君子人也。（泰伯）

曾子說：「可以把輔佐幼主的重任託付給他，可以把一個大國的政令交付給他，面臨到生死關頭，他不會改變操守，這樣的人算得上是君子嗎？真可算是君子人了！」

古代的「六尺」，相當於現今一百四十公分左右，孤是指孤兒。「六尺之孤」是說十五歲以下，未成年的幼主。「百里」是說百里見方面積的大國。

因為繼承者的問題，常左右一國的命運，這種例子，在古今中外皆然，尤其是在封建時代，一個可以被「託六尺之孤」的人，必是一個有德行的君子，自然是受人尊敬的。

必須具有忍耐寬容的度量，才能有所成就。不被感官的慾望所驅使，那麼，你的各種思考都會是沒有私念的。

九十七、任重道遠的士

曾子曰：士不可以不弘毅。任重而道遠。仁以為己任。不亦重乎。死而後已。不亦遠乎。（泰伯）

曾子說：「讀書人的志氣，不可不弘大而剛毅，然後才能勝任重荷而致遠道。把仁道視為自己的責任，不是很重嗎？到死才放下這擔子，不是很遠嗎？」

論語一書在日本，也有著很大的影響，如日本明治維新時代有名的人物德川家康，在他臨終前的遺訓中曾說：「人的一生，就像背著很重的行李在走路。」大概就是讀了這一則，而衍生出來的感觸吧！德川在江戶開府，以他英明的決斷，而建立了長期的政權基礎，也是因為他有和孔子一樣的想法。

千里之遠是從一步一步開始的，高山之大是從微小的塵土積累起來的。流水淘沙不會有一刻停止，前面的波浪還在，後面的波浪又湧上來了。只要志向堅定不移，山河都可以改變。

九十八、要哀矜而勿喜

孟氏使陽膚爲士師。問於曾子。曾子曰：上失其道、民散久矣。如得其情、則哀矜而勿喜。（子張）

孟氏派陽膚去做典獄官，陽膚來請教曾子。曾子說：「在上位的人，治民如果失去正道，民心背離已久！如果你在判獄時，獲得了他們犯罪的實情，要同情他們，不要自以為能查出真相而高興。」

孟氏的生平不詳，鄭玄以為此為魯人諱慶父的事，所以稱孟氏。陽膚是曾子的弟子，在注中曾說，陽膚的能力很強，但常喜歡誇大自己的功勞，所以，曾子才如此說的吧！

和本則可以比較的是第十六則。子路根據「上失其道」才能以「片言可以折獄」。而孔子的願望是「必也使無訟乎」，是期望連裁判的法官都不要的意思。

九十九、盡心於親喪

曾子曰：吾聞諸夫子、人未有自致者也。必也親喪乎。（子張）

曾子說：「我聽老師說過：人對於其他的事，未有能自盡其心的，能盡其心的，只有對於父母的喪事了吧！」

孔子對於喪禮的看法，是注重哀傷的心。和其他人的喪禮比較起來，在雙親的喪禮中，尤其可以看得出來，本書第六十一則中，孔子在和宰我爭論守父母喪三年的談話中，就是強調真情，才會說出「予之不仁也，子生三年，然後免於父母之懷」的言語。

在自己的一生當中，如果沒有一件見不得人的事，這是一生中最大的快樂。人雖然死了，但榜樣依然存在，千百代人之後，還留下清白高尚的風采。

一〇〇、孔子的女婿

子謂公冶長、可妻也。雖在縲紲之中、非其罪也。以其子妻之。

（公冶長）

孔子說：「像公冶長這樣的人，可以把女兒嫁給他，雖然他曾下過獄，但那不是他應有的罪。」孔子於是把自己的女兒嫁給了他。

公冶長，姓公冶，名長，孔子弟子，據說他會解鳥語，因為他聽到鳥語，而首先發現了一具屍體，去通知官吏，使官吏懷疑他為兇手。

孔子判斷一個人，並不以那個人的污點和輿論來作為判斷，以公冶長為女婿就是最好的證明；同時，當孔子看到和一般人相反的言行時，也是頗不以為然的，所以，當有人說，「雍也仁而不佞」的時候，孔子就回答：焉用佞？禦人以口給，屢憎於人，不知其仁，焉用佞？所以，可知道孔子並不以一個人的外表行為來作為對那個人的評價。

一〇一、克制私慾

顏淵問仁。子曰：克己復禮爲仁。一日克己復禮、天下歸仁焉。爲仁由己、而由人乎哉。（顏淵）

顏淵問孔子，怎樣做才是仁。孔子說：「克制自己的私慾來實踐禮，便是仁。如果有一天真能做到這樣，那麼天下的人都會稱讚你是個仁者了。行仁要從自己來下功夫，豈能從別人身上來做呢？」顏淵說：「我再請問實踐的條目？」孔子說：「不合禮的事不要看，不合禮的事不要聽，不合禮的事不要說，不合禮的事不要做。」顏淵說：「我顏回雖然魯鈍，願照這些話去做！」

從本則開始，來看看在孔子門下曾被討論的主題。先從「仁」的問題來講，從弟子們對孔子提出的問題，可以看出弟子們要了解「仁」到底是什麼。

本則是由顏淵提出問仁，所以，孔子不必顧慮顏回是否有能力了解；又如樊遲問仁，孔子只回答「愛人」，如此簡單的答案，可和本則產生對比的效果。

一〇二、己所不欲，勿施於人

仲弓問仁。子曰：出門如見大賓、使民如承大祭。己所不欲、勿施於人。在邦無怨、在家無怨。（顏淵）

仲弓問孔子，怎樣做才算是仁。孔子說：「出門像會見貴賓一樣，在上位的人，使用民力像承奉重大的祭祀一樣。自己所不喜歡的，不要加在別人身上。這樣仕於諸侯的邦國沒有人怨恨，仕於卿大夫的家也沒有人怨恨。」仲弓說：「我冉雍雖然魯鈍，願照這些話去做！」

冉雍聽了孔子的回答，也說：雍雖不敏，請事斯語矣！「如見大賓」和「如承大祭」的回答，對可以做為一國之君的冉雍而言，是很適當的。「在邦」是指在諸侯之國，「在家」是指在卿大夫之家，而並非是指諸侯和卿大夫個人而言。

「己所不欲，勿施於人」是孔子的恕道名言。如果有優點和成績就歸於別人，有缺點和錯誤就自己承擔，這樣，大家都會彼此謙讓相待。

一〇三、恕

子貢問曰：有一言而可以終身行之者乎。子曰：其恕乎。己所不欲、勿施於人。（衛靈公）

子貢問孔子說：「有一個字可以作為終身奉行的準則嗎？」孔子說：「大概就是個恕字了吧！意思是自己所不喜歡的，不要加在別人身上。」

這則的內容和仲弓問仁時，孔子的回答是相同的。這就是仁具體的實踐方法。子貢在提出這個問題時，也許猜想到，孔子會回答「仁」，以子貢的個性而言，是會這樣的，在論語一書中，沒有「子貢問仁」的篇章，可能是因為子貢對質問的方法頗有研究，故而不會直接提出問題。

「恕」的意思包括在「如」的字義裡，是說巫女在神前跳舞，來接受神意，所以「恕」就是推己及人，即察覺他人的心，而知道自己。

一〇四、吾道一以貫之

子曰：參乎、吾道一以貫之。曾子曰：唯。子出。門人問曰：何謂也。曾子曰：夫子之道、忠恕而已矣。（里仁）

孔子對曾參說：「參啊！我平日所講的道雖千端萬緒，卻是能用一理將它貫通起來。」

曾子聽了應道：「是的。」

等孔子出去後，別的弟子就問曾子道：「這是什麼意思呢？」

曾子說：「夫子的道理，就是忠恕兩個字罷了。」

忠恕二字，以子貢所問的重點看來，是「終身行之者」的意思，而以「己所不欲，勿施於人」作為內容。

「忠恕」是孔子一貫之道，他和子貢就此，有下面這樣的對話。

一〇五、學與道仍當一貫

子曰：賜也、女以予爲多學而識之者與。對曰：然、非與。曰：非也。予一以貫之。

（衛靈公）

孔子對子貢說：「賜啊！你以為我是個博學而強記的人嗎？」子貢回答道：「是的，難道不是嗎？」孔子說：「不然！我是用一貫的道理將所學的貫通起來。」

孔子的博學多識，是弟子們認為理所當然的，所以，當孔子以反問的語氣問及子貢時，子貢回答：「然非與？」這是有出乎意料之外的意思。

子貢曾說：「夫子日月也。」故而當孔子問道：「女以予為多學而識之者與？」讓子貢有吃驚的感覺。後來，雖然沒有把孔子回答「予一以貫之」時，子貢的神情寫出來，但是，以能「聞一以知二」的子貢而言，一定也能像曾子所了解的「夫子之道忠恕而已」那樣來了解的。

一〇六、子貢之志

子貢曰：我不欲人之加諸我也、吾亦欲無加諸人。子曰：賜也非爾所及也。

（公冶長）

子貢說：「我不願別人把不義的加在我身上，我也不願把不義的加在他人身上。」

孔子聽了，就對子貢說：「賜啊！這不是你能力所能做到的呀！」

在前面，仲弓曾向孔子問仁，孔子答以「己所不欲，勿施於人」，仲弓則謙遜地說：「雍雖不敏，請事斯語。」而子貢卻直接地說出「我不欲人之加諸我也，吾亦欲無加諸人」的話，這是在論語中，子貢常有的談話語氣。

在這一則中，子貢或許以為會像第十八則那樣，再度得到孔子的讚美，卻沒有想到，孔子很明顯地說出了子貢的缺點。

史記中，司馬遷曾說：「孔子常抑制子貢辯才。」本則就是其中的一個例子。

一〇七、己立立人，己達達人

夫仁者己欲立而立人、己欲達而達人。能近取譬、可謂仁之方也已。

（雍也）

子貢對孔子說：「如果有個人能廣施恩惠於民眾，又能普遍救助大眾，這個人怎麼樣？可稱得上仁嗎？」

孔子回答說：「何止是仁，那必定是聖人了！堯舜尚且還有些做不到呢！所謂仁，是己身想立道，也想使他人能夠立道；己身想行道於世，也還使他人能夠行道。能夠就近拿己身做例子，為別人設想，便可以說是求仁的途徑了。」

孔子對子貢所說的「仁」，加以糾正說：那不是「仁」，而是「聖」；仁和聖是不同的。「仁」就是：要使自己站立，先要讓人家站立，這就是以能進取譬的意思。仁也是對任何人，都以自己的問題，來推測別人。

如果一個人不能這樣想，而要濟世救人，則是一種不切實際的空想，孔子是不信任這種想法的。

一〇八、工欲善其事，必先利其器

子貢問為仁。子曰：工欲善其事、必先利其器、居是邦也、事其大夫之賢者、友其士之仁者。（衛靈公）

子貢問仁的方法。孔子說：「工人要想做好他的工作，先要具備完善的工具。居住在這個邦國，就一定先奉事這個國家的賢大夫，結交這個國家中有仁德的士人。」

這一則，孔子所做的譬喻，使人想起子夏所說的：「百工肆居，以成其事，君子以學改其道」。工人在工作場所，才能做自己的工作；君子要透過學問，才能獲致道。子夏所說的，可能就是從孔子的比喻中所得到的啟發吧！

「必先利其器」和「居肆成其事」二相比較，前者更有具體的意義，孔子的言論，自然是清晰而縝密的。

積水為白色冰塊形成的開始，層層的建築物實在是土塊逐漸累積的原因。如果沒有確立奮鬥目標為基石，絕不可能做出一番事業。

一〇九、仁者其言也訒

司馬牛問仁。子曰：仁者其言也訒。曰：其言也訒、斯謂之仁已乎。子曰：爲之難。言之得無訒乎。（顏淵）

司馬牛問怎樣做才是仁。孔子說：「君子不憂愁、不害怕。」司馬牛又問道：「不憂愁、不害怕，就可稱得上是君子嗎？」孔子說：「自我反省，沒有愧疚，那有什麼可憂愁，害怕的呢？」

仁和訒是同音字，孔子用同音字來告訴司馬牛仁的意義，大概是因為司馬牛原先以為仁是有高遠的意義，等孔子簡單地回答「其言也訒」，使司馬牛非常驚異。司馬牛會再提出反問，似乎表現他的不以為然。

在史記一書中，形容司馬牛為「多言而噪」，那恐怕是把論語這一章作為他性格描寫的依據吧！

一一〇、敬鬼神而遠之

樊遲問知。子曰：務民之義、敬鬼神而遠之。可謂知矣。問仁。曰：仁者先難而後獲。可謂仁矣。（雍也）

樊遲問孔子，怎樣做才算是智。孔子說：「專心致力於人所應當做的事，尊敬鬼神而遠離鬼神，不被迷惑，便算是智了。」又問怎樣做才算是仁。孔子說：「有仁德的人，比別人先吃苦，至於獲報卻居人後，便算是仁了。」

這一則是「敬鬼神而遠之」成語的由來。人先要專心致力於所應當做的事，然後，一方面對鬼神懷著信誠，一方面又超越鬼神，不被迷惑，而將這兩種態度，清楚地分辨出來，這就是智。

人都應該取謙虛謹慎的態度，「自滿」、「自矜」都是見識淺短表現。幸福往往是災禍的先兆，利益往往是害處的開始。

這則和第六則的「非其鬼而祭之，諂也」，有互相補足的意義。

一一一、仁者之行

樊遲問仁。子曰：居處恭、執事敬、與人忠。雖之夷狄、不可棄也。

（子路）

樊遲問仁的道理。孔子說：「平常起居要恭，做事要敬，待人要忠。雖是到蠻夷之邦，也不可以廢棄以上的三點原則。」

論語全書中，樊遲共問仁三次。

「仁」德是存在於每一個人的內心的。恭敬篤信的原則，即使在蠻夷之邦，亦是不會改變的。這一則和八十八則「言忠信，行篤敬」的意思一樣。

浩瀚的大海，不拒絕流向它的大小水流，所以，能夠變得如此廣大無邊；巍巍高山，不拒絕任何泥土石塊，所以，才能堆積得這樣高聳入雲。只要把心靈之窗開得大大的，太陽光就會照進來。

一一二、恭寬信敏惠為五行

子張問仁於孔子。孔子曰：能行五者於天下爲仁矣。請問之。曰：恭寬信敏惠。恭則不悔、寬則得衆、信則人任焉、敏則有功、惠則足以使人。

（陽貨）

子張向孔子問仁之道。孔子回答說：「能行五事於天下，便算是仁了。」子張進一步問：「請問那五事？」孔子說：「恭、寬、信、敏、惠。對人恭敬，就不會被人侮慢；待人寬厚，就可以得人心；與人信實，別人就可以倚仗你；做事敏捷，才容易成功；施恩給人，才足以叫人為你效勞。」

在論語中，後半部常出現舉出數字，以及列舉事項的情形，本則就列舉了五個項目，這樣的情形，在論語的前半部是沒有的，所以，可看做是後半部的特徵。類似本則列舉事項的情形，並不是孔子當時和子張討論時的實情，可能是記錄者在經由整理後，而將這些話連續地寫出來的。

一一三、管仲之力

子曰：桓公九合諸侯、不以兵車、管仲之力也。如其仁、如其仁。（憲問）

子路問道：「齊桓公殺齊公子糾，召忽自殺而死，管仲卻不肯死。這樣看來，管仲未能算是仁吧？」孔子說：「齊桓公九次會合諸侯，而不以他的武力，這完全是管仲的功勞，這就是他的仁了，這就是他的仁了。」

子貢對管仲的仁，也提出疑問，他說：「管仲不是個仁者吧？桓公殺了公子糾，管仲當糾的太傅，不能守節而死，反而又被桓公立為相。」孔子回答說：「管仲輔佐齊桓公，稱霸於諸侯，一正天下，民眾到現在還受他的恩惠；如果沒有管仲，我們早就變成胡人的裝扮了，他難道要像一般小民一樣守小節，而自縊在路旁，不被人知道他是誰嗎？」

子貢和子路二人，都以管仲不能殉節，批評管仲為不義。雖然，孔子以為管仲的功勞比召忽的義要有意義，但卻並沒有把管仲列為仁者的意思。

一一四、造次顛沛

君子去仁、惡乎成名。君子無終食之間違仁、造次必於是、顛沛必於是。

（里仁）

孔子說：「君子如果捨去了仁德，又怎能稱得上是君子呢？君子沒有一頓飯的時候違背仁，倉促急遽的時候也是這樣，顛仆困頓的時候也必定是這樣。」

終食之間，是指在吃完一頓飯的短短時間之內；造次，是指急遽苟且，迫促不暇；顛沛，就是顛仆困頓的時候。這則的意思和第十八則「子張書諸紳」的意思相似，都表示了孔子精神的集中程度。

※　※

自己不是完美無缺的人，就不要要求別人做十全十美的事；自己既然是群眾的楷模，就可以要求別人把事情做得盡可能完美。

一一五、世人不知所以為仁之方

子曰：我未見好仁者、惡不仁者。好仁者、無以尚之。惡不仁者、其爲仁矣。不使不仁者加乎其身。有能一日用其力於仁矣乎、我未見力不足者。蓋有之矣。我未之見也。（里仁）

孔子說：「我沒見過真正喜愛仁道和憎惡不仁的人。真正喜愛仁道的人，他會覺得世上再沒有比仁道更可愛的事物了。真正憎惡不仁的人，也算是行仁了，他能使不仁的事，一點兒也不加在自己的身上。真有人肯花一天的功夫用力在仁上嗎？我沒見過他會感到力量不夠的。或許真有這種人，但是我還沒見過啊！」

不但沒有遇到好仁者（最好的），連惡仁者（次好的）也都不曾看到，這樣慨嘆的孔子，在其內心似乎是說：「仁」就是在我們身旁的東西啊！

※　　※

人的生命結束後才能認定他是賢能或愚蠢，面對實事才能看出人的志行品德。在鄙陋之處也會有棟樑之材，端看你有沒有注意發現。

一一六、求仁不難

子曰：仁遠乎哉。我欲仁、斯仁至矣。（述而）

孔子說：「仁德離我們很遠嗎？其實只要我想求仁德，仁德也就來了！」

這是孔子說明求仁不難最具體的話。能救濟天下，就算是仁，孔子對子貢的想法不以為然，其原因就在於此，孔子曾說：「當仁不讓師」，那麼，其他的事，就更不用講了。

※　　※

人們的為人處事，常常是由於謹慎而成功，任性而失敗。

「冰厚三尺，不是一日之寒」，一個慾望念頭不能夠加以控制和約束，它造成的禍水將要漫到天一般高。

一一七、里仁為美

子曰：里仁爲美。擇不處仁、焉得知。（里仁）

孔子說：「我們居住的里中，要有仁厚的風俗才好，如果擇居不處在風俗仁厚的地方，怎能算是明智的呢？」

我們或許可以將「里仁」解釋為：把仁當作屋子，以仁為宅，是很舒服的。「知」如同昆蟲的觸角，到處尋找著仁的宅屋，如果不能選到一所仁的宅屋，就可以說是沒有達成「知」的任務。

※　　※

人的思想不能沒有努力與追求，如果沒有努力的方向，就會貪圖安逸享樂，貪圖安逸享樂，就會放縱自己，恣意妄為。心裡有純潔高尚的思想，各種污濁的念頭自然就沒有了。

一一八、觀過知仁

子曰：人之過也、各於其黨。觀過斯知仁矣。（里仁）

孔子說：「人的過失，各有各的類別。只要觀察他的過失，便可知道他的內心是仁或不仁了。」

當孔子罹患大病時，子路使弟子為其家臣，而被孔子責罵（見第十則），以子路而言，他揣測老師的心情，並不會默默地觀察，這是子路的個性，所以，不必責備子路的意圖；子路的行為，雖不算「過」，但，至少把「無臣變有臣」，是有詐的意思，子路的動機是好的，所以，他很有勇氣地實行出來。一個人的過失，就像子路的這件事，往往是因為這個人的個性而產生的。「斯知仁」應該解釋為，可以把長處扣缺點都引出來。

※　　　※

勤於向人請教學習的人，學識就會變得充實；自以為是的人，知識就會逐漸淺薄。

一一九、人當有常德

子張問崇德弁惑。子曰：主忠信、徙義、崇德也。愛之欲其生、惡之欲其死。既欲其生、又欲其死、是惑。（顏淵）

子張問怎樣尊崇品德，明辨疑惑。孔子說：「親近忠信的人，使自己的行為遷善，便是尊崇道德。喜歡一個人的時候，便要他生；討厭一個人的時候，便要他死。既要他生，又要他死，這就是迷惑了。」

當一個人對別人說某人是可信賴的，而以之為好人，其實是某人對這個人有幫助的時候才如此。如果，對方對自己產生了不利的影響，那麼，就像反掌那樣地簡單和快速，馬上會說自己看錯了人。所以，對一個人的評價，完全是因為自己，或為了自己的便利，而對方或許完全沒有一點改變。

一二〇、浸潤之譖，膚受之愬

子張問明。子曰：浸潤之譖、膚受之愬、不行焉、可謂明也已矣。浸潤之譖、膚受之愬、不行焉、可謂遠也已矣。（顏淵）

子張問怎樣才算明察。孔子說：「像水逐漸滲透那樣的譖言，像切身之痛那樣的訴冤，在他面前行不通，這可算是明察了。像水逐漸滲透那樣的譖言，像切身之痛那樣的訴冤，在他面前行不通，這可算是最明遠了。」

浸潤之譖，是說譖言之毀人，如水之浸物，漸漸浸透。膚變之愬，是說訴冤之辭，似有切身之痛，則聽者易信為真。一個組織的領導者，會有許多不同的人包圍著他，因此難免會有「愛之欲其生，惡之欲其死」的念頭，而在這種交織之中，能不被「浸潤之譖，膚受之愬」所迷惑的人，就可算是「明」的領導者。但這「譖」和「愬」，不一定是指人而已，有時，在理論、教學、傳統、輿論、名望等方面，也常有發生的情形，如果連這些也都能看得清，就是符合於「遠」的領導者了。

一二一、無違之孝

孟懿子問孝。子曰：無違。（為政）

孟懿子問孔子，「怎樣才算是孝？」孔子說：「不要違逆。」

有一次，樊遲替孔子駕車，孔子對樊遲說：「孟孫問我怎樣盡孝道，我對他說：不要違逆。」樊遲聽完，問孔子說：「這是什麼意思呢？」孔子說：「父母在世的時候，當以禮事奉。父母死後，以禮安葬，以禮祭祀。」

孟懿子，魯國大夫，姓仲孫，名何忌，懿為其謚號。當時魯國有孟孫、叔孫、季孫三個大夫，這三位大夫都有魯桓公的血緣，故謂之「三桓」。孟懿子以父之遺命，而到孔子門下受教，和孔子一起在魯為官。

「無違」的回答，是很隱微的，如果沒有樊遲的反問，我們可能不知道「無違」的意思。

孔子說要「以禮」，是因為對方是國君的親戚，而站在君臣的立場來講的吧！

一二二、敬之孝

子游問孝。子曰：今之孝者、是謂能養。至於犬馬、皆能有養。不敬、何以別乎。（為政）

子游問孔子，「怎樣才算孝？」孔子說：「世俗的所謂孝，只是在飲食方面能供養父母；至於狗和馬，一樣能有人養活。所以，如果對父母的奉養沒有一片敬意之心，那與養犬馬又有什麼分別呢？」

本則還有另外的一種說法：對父母的孝，如只是物質上的供應，則和養狗、馬立於相同的立場。無論怎樣解釋這一則的文字，「不敬，何以別乎」的意思，是不會改變的。

孝敬父母，子女就會孝敬自己；敬重別人，別人就會敬重自己。榜樣的力量是無窮的。

一二三、斗筲之人，何足算也

子曰：噫、斗筲之人、何足算也。（子路）

子貢問孔子說：「怎樣做才可算得上是個士呢？」孔子回答道：「自己行事能知恥；出使四方，能夠不辱君命，便可算得上是個士了。」子貢接著問：「敢問次一等的人是怎樣的呢？」孔子說：「宗族中的人都說他孝，鄉里中的人都說他悌。」子貢接著又說：「敢問再次一等的人是怎樣的呢？」孔子說：「說話信實，做事果斷，堅確自守，也可算是次一等的人了。」子貢再接著問：「那麼現在從政的人怎麼樣呢？」孔子說：「唉！這些人才短量淺，怎能算得上呢？」

「士」在古代社會上具有一種身分，列於農工商之上，要有適配的品德修養，孔子和弟子都是士，所以，弟子會向孔子請教「士」是如何的，如九十七則「士不可以不弘毅」亦是如此。

斗和筲都是容器，斗容十升，筲容一斗二升，都是用來比喻度量小的意思。

一二四、使者之德

蘧伯玉使人於孔子。孔子與之坐而問焉。曰：夫子何爲。對曰：夫子欲寡其過、而未能也。使者出。子曰：使乎、使乎。（憲問）

蘧伯玉派遣使者到孔子處，孔子和那使者一起坐，問他道：「蘧大夫做些甚麼？」使者回答道：「蘧大夫想要使自己減少些過失，但總覺未能做到。」使者辭去以後，孔子讚嘆著向人說：「好個使者呀，好個使者呀！」

蘧伯玉為衛國的大夫，孔子周遊列國到衛，輒常到蘧伯玉家中，二人的關係親密。

「使乎！使乎！」的讚美，很直率表現出孔子的感覺，這稱揚不僅是對使者，而對蘧伯玉也有同樣的讚美。此則和前則中所講，士的第一條件是能作外交使者，以顧全國家的名譽，是最好的例子。

一二五、士之德行

子張問：士何如斯可謂之達矣。子曰：何哉爾所謂達者。子張對曰：在邦必聞、在家必聞。子曰：是聞也、非達也。夫達也者、質直而好義、察言而觀色、慮以下人。在邦必達、在家必達。夫聞也者、色取仁而行違、居之以疑。在邦必聞、在家必聞。（顏淵）

子張問孔子：「一個士人要怎樣做，才可算得上是通達呢？」

孔子說：「你所謂的通達是什麼意思呢？」

子張答道：「在諸侯的國，必然有名譽；在卿大夫的家，也必然有名譽。」

孔子說：「那是名譽，不是通達。所謂通達的人，是要天性秉直而心存好義，又能察人言語，觀人容色，總是想到謙退，處處居於人下，這樣，他在國內，必然通達，在大夫之家，也必然通達。所謂有名譽的人，只是表面上裝著求仁的樣子，而行為違背常理，他自以為這樣做沒有錯，更不會懷疑到自己，這樣的人，在邦國內，自然有名譽，在大夫之家，也自然會有名譽了。」

子張向孔子提出何謂「達」，孔子用反問的方式，指出子張將「達」和「聞」混淆。達是通達，也是所說的話，能取信於人，沒有任何阻礙。孔子曾對子貢說：「己欲達而達人」（一〇七則），來說明達，而子張誤以為達是使大家都知道自己的名聲。

除了問「達」，子張還問「明」、「行」，對孔子的請教，涉及相當廣泛，在孔門為第一，在八十五則中他曾說過，他會對各種的問題提出發問；子游和曾子說他，可以作各種事，但並非仁者，因為他涉獵問題廣，但缺乏深度。

※　※

人不要用水對照自己，應當用人來對照自己；用水對照自己只能看見容貌，用人對照自己才能看見精神。容貌是需要注意的，但更加需要注意的是精神。精神可不是機械的物體所能夠反映出來的。

有錯誤懂得悔改的，仍是君子；知道過錯而不改正的，是小人。

一二六、見小利大事不成

子夏爲莒父宰、問政。子曰：無欲速。無見小利。欲速、則不達。見小利、則大事不成。（子路）

子夏做了魯國莒城的城宰，去向孔子請教要如何施政。孔子說：「不要求速成，不要只看到小利；因為，求速成就不能達成任務；只看到小利就不能成就大事。」

孔門弟子，當向孔子請教有關如何為官的道理，他們至各國出仕，是社會對他們的要求，也是士的責任，所以，他們請教「行仁」、「為君子」、「為士」，也是基於要為能為國家、為社會從政的原因。

做行政長官，如果只是單方面施行政策，是不可以的，應該有長期的計畫，雖要有長的時間，但亦要要求徹底，從這一則來推斷，子貢也許是個非常注意小節的人，但是，卻缺乏高瞻遠矚的行政能力。

一二七、治國之法

顏淵問為邦。子曰：行夏之時、乘殷之輅、服周之冕、樂則韶舞、放鄭聲、遠佞人。鄭聲淫、佞人殆。（衛靈公）

顏淵問孔子治國的方法。孔子說：「行夏代的曆法，乘商代的木車，戴周代的帽子，音樂方面則採用舜時的樂舞。禁絕鄭國的音樂，遠離口給的人。因鄭國的音樂淫亂，口給的人危險。」

這則是說，應用夏商周文明的特色，亦用盡善盡美的舜時韶樂。而以為鄭國的音樂，只求感官的怡悅，所以要禁絕。這一則中，除了「遠佞人」之外，都是回答有關禮和樂的指示。

當顏淵問仁時，孔子回答說：「非禮勿視，非禮勿言……」本則可作一對照來看。把政治的根本放在禮樂的整頓上，這和回答別的弟子的內容不同，這是因為問的對象是顏回才如此，而對出仕無積極之心的顏回，會問到政治，也是很少有的。

一二八、為政在舉賢才

仲弓爲季氏宰、問政。子曰：先有司、赦小過、舉賢才。曰：焉知賢才而舉之。曰：舉爾所知。爾所不知、人其舍諸。（子路）

仲弓做了季氏的家宰，向孔子問為政之道。孔子說：「凡事自己比百官先行，他們遇有小過失當寬赦，舉用有德有能的人。」仲弓又接著問：「何以知道誰有賢才而舉用他呢？」孔子說：「舉用你所知道的，至於那些你所不知道的，別人會捨棄他而不推薦給你嗎？」

許多人都會對如何舉用賢才，提出疑問，如果要一個領導者記下屬員的名字，是不可能的，也是不必要的，他只要把握高階層的官員，在他的工作範圍之內，給予適當的考核，這樣，別人的眼睛，自然會注意到他，人才自然就能培養出來了。「人其舍諸」和第五十六則的「山川其舍諸」的想法是相同的。

一二九、公叔文子之德

公叔文子之臣大夫僎、與文子同升諸公。子聞之曰：可以為文矣。（憲問）

公叔文子的家臣大夫僎，和文子一同升為公朝的臣子。孔子聽到這事後，說：「這人死號被諡為文是夠得上的！」

父叔文子為衛憲公之孫，名拔，是比孔子上一代的人，「文」是他的諡號；周文王以及春秋時的晉文公都以「文」為諡。「文」是給予生前政績卓著者的諡號。孔子說衛大夫孔圉，被稱為「孔文子」的理由是：敏而好學，不恥下問（見二十三則），在這裡，公叔文子將家臣僎，推薦到和自己相同的地位，所以，才被諡號為文。

父叔文子推薦僎給衛君，並沒有任何的企圖，是公平、無私的，故而周圍的人並沒有什麼異議，孔子應該知道這情形。

一三〇、勉人舉賢

子曰：臧文仲其竊位者與。知柳下惠之賢、而不與立也。（衛靈公）

孔子說：「臧文仲，他可算是盜居官位的人吧？他知道柳下惠的賢能，而不推薦他和他同朝共理國事。」

和前則的內容相反，這是不能推薦賢才的例子。

臧文仲是比孔子早了大約一百年的魯國人，史書上記載，在孔子時代，曾流傳著他曾是個名宰相。在其他則，孔子曾批評他，說他自己的居室，作一國之君才能有的裝飾，像這樣的人，那裡是個知者呢？孔子對社會的輿論，並不盲從。

柳下惠，亦是魯國人，「柳下」是他居住的地方，「惠」是諡號。在論語中，曾說他三度被任官，又三次被罷免；有人對他說：我自己對道忠實，如我不改變自己，那麼終究會遭遇到相同的命運，但我還是願意對道忠實，而用不著離開故鄉。

一三一、民無信不立

子貢問政。子曰：足食、足兵、民信之矣。子貢曰：必不得已而去、於斯三者何先。曰：去兵。子貢曰：必不得已而去、於斯二者何先。曰：去食。自古皆有死。民無信不立。（顏淵）

子貢問孔子為政的方法。孔子說：「先求足夠的糧食，次求足夠的武備，然後使民眾能信賴政府。」子貢說：「在不得已的情形下，這三項要去掉一項，應該先去那一項呢？」孔子說：「去掉武備。」子貢又說：「如果不得已，在剩下的兩項中要再去掉一項，該去那項呢？」孔子說：「減去糧食。」自古以來，人都要死的；假使政府失信於民，甚至都無法建立。

從事政治的人，可以不使糧食增產，但如果對人民沒有信義的話，社會制度將無法維持。

做一件弄虛作假的事，就會喪失你一貫誠實的信譽。

一三二、大車無輗

子曰：人而無信、不知其可也。大車無輗、小車無軏、其何以行之哉。

（為政）

孔子說：「一個人如果沒有信用，我不知道他怎樣可以算是個人。就好比大車沒有輗，小車沒有軏，又怎麼能使他們走動呢？」

大車是牛車；輗是車轅前端的橫木，用來縛住軛，以相連牛。小車是輕車，以馬所拉，古代獵車、戰車、乘人之車都是，軏也是轅前的橫木，用來使與馬相連。以車而言，使車與牛、馬相連的輗、軏是重要的，以人而言，則最重要的就是信，這是一種比喻法，這一則較前一則「民無信不立」，有更具體的說法。

國家的法令朝令夕改，政府部門各自為政，這是一種擾亂國家的歪風。因此，政策法令的穩定和立法權力的集中統一，是一個國家安定團結的重要保證。

一三三、治民以教

子適衛。冉有僕。子曰：庶矣哉。冉有曰、既庶矣。又何加焉。曰：富之。曰：既富矣。又何加焉。曰：教之。（子路）

孔子到衛國去，冉有替他駕車子。到了衛，孔子說：「衛國的人。真多呀！」

冉有說：「一個國家的人口多了，進一步要做些甚麼呢？」

孔子說：「是使人民富有。」

冉有又問：「等人民都富有了，進一步要做甚麼呢？」

孔子說：「教化他們。」

在第一三一則中，子貢問政，孔子也提出了三個項目，可以和這一則相對照來看。

人口眾多，是表示政治上軌道，如在一三八則中所說的「四方之民，襁負其子而至」。在本則中，孔子告訴冉有的可說是治國的一個順序。

一三四、為君之難

人之言曰：予無樂乎為君。唯其言而莫予違也。如其善而莫之違也、不亦善乎。如不善而莫之違也、不幾乎一言而喪邦乎。（子路）

有人這樣說：「做國君的人是沒有快樂的，唯一可快樂的，只是說的話沒有人敢違抗。」孔子回答魯定公所提的道：「話不可以期望它必然這樣！如果國君的話是善的，沒有人敢違抗，那不是很好嗎？如國君的話說得不善，而沒有人敢違抗，那不幾乎是一句話可以失國了嗎？」

魯定公問孔子，有沒有可以使國家滅亡的一句話，孔子作了上面的回答。

對領導者，沒有一點批評，這也許有它特殊的原因，如果是因為真正的心服，自然是好的，但如果是因為在上位者的獨裁，而加以奉承，那就非常危險了，對要提出逆耳之言的屬下，都加以排斥，我們暫且不討論，但如果能聽到內外「沒有聲音中的聲音」，這才是做為一個領導者不可或缺的才能。

一三五、事君子與小人的不同

子曰：君子易事而難說也。說之不以道、不說也。及其使人也、器之。小人難事而易說也。說之雖不以道、說也。及其使人也、求備焉。（子路）

孔子說：「君子容易和他共事，但難以討他喜歡。因為你不以正道來討他喜歡，他還是不喜歡的。當君子要用人時，能因對方的材器來任用。小人難與他共事，但容易討他喜歡，因為你不以正道來討他喜歡，他反而高興。當小人要用人時，卻處處苛刻求全。」

「器之」，是像辨別各種器皿的功用一樣，因材用人，這樣是君子「求備」的方法。對人的才幹不分辨，而將工作交付給他，一旦做得不好，而加以責備，這是小人對「求備」的作法。

能否以恰當的職位任命合適的人選，是一個國家存在還是滅亡、安定還是混亂的關鍵。

一三六、不以言舉人，不以言廢人

子曰：君子不以言舉人。不以人廢言。（衛靈公）

孔子說：「君子不因為一個人的話說得好便舉用他，同樣的，不因平時對這人的印象壞，就連他說的話也覺得一無可取了。」

以指導者的立場而言，要如何應對部下的意見呢？

孔子自己說，在過去，如果是說得有道理，就以為是可以信任他的；後來，孔子才知道並不一定都是如此，造成這樣，是因為五十九則中所說有關宰予的事。

雖然如此，當我們對對方的言論完全懷疑，就不能達成思想的溝通；對恰當的意見，要接受，但是辨別出這些意見的恰當與否，則有賴於上位者平日的素養了。孔子之所以對「不恥下問」，就教於晚輩的孔文子加以讚許，就是因為這個緣故。

一三七、風行草偃

君子之德風。小人之德草。草尚之風必偃。（顏淵）

季康子問為政之道於孔子：「如果殺掉無道的壞人，成就有道的善人，怎麼樣呢？」

孔子回答說：「你是一個主政的人，何必要用殺這個辦法呢？你自己想為善，老百姓也就向善了。在位者的德行好比是風，老百姓的德行好比是草，風加在草上，草必定會隨風仆倒的啊！」

君子和小人常被用作統治者和被統治者的代名詞。士以上的統治者，當從人民身上征稅，因此，統治者對人民的責任相對的也就大，孔子對統治者所持的論點，就是根據此一基礎而來的。

能容納各種直截了當的話，能廣泛地觀察並傾聽意見，是治理好國家、企業興盛的不二法門。

一三八、吾不如老圃

上好禮、則民莫敢不敬。上好義、則民莫敢不服。上好信、則民莫敢不用情。夫如是、則四方之民、襁負其子而至矣。焉用稼。（子路）

樊遲想學種五穀的方法。孔子向他說：「我不如老農夫。」樊遲又向孔子請教種蔬菜的方法。孔子說：「我不如種菜的人。」

等樊遲走出去以後，孔子向其他的人說：「樊遲真是個鄉下的小民，在上位的人好禮，民眾沒有敢不恭敬的；在上位的人好義，民眾沒有敢不服從的；在上位的人好信，民眾沒有不以忠實信誠來對上的。能做到這樣子，四方的民眾，都會背著他們的孩子來歸服你，何必自己來學耕田種菜呢？」

孔子的門下，有各種各樣的人，但會問起農耕之事的，只有樊遲而已。學而優則仕，所以，弟子們對農耕之事，不必那樣的用心。前則是孔子將君子和小人作對比，而這一則是將君子和小人的任務加以分辨的一章。

一三九、仁之難

孟武伯問：子路仁乎。子曰：不知也。又問。子曰：由也千乘之國、可使治其賦也。不知其仁也。（公冶長）

孟武伯問孔子說：「子路是個仁人嗎？」

孔子說：「不知道。」

孟武伯接著又問。孔子就說：「由這個人，有一千輛兵車的大國，可派他去治理軍事；至於他的仁德怎樣，我就不知道了。」

然後孟武伯又對冉有和子華也做了同樣的問話，孔子則回答說：「冉有可做邑宰，子華可以立於朝，以接待賓客，但不知道他們是否有仁德。」

魯國的貴族，對孔子門下弟子的人才，非常器重，如果孔子說自己的弟子是個仁人，而且加以保證，則弟子們就一定可以去就職，但孔子並不這樣去做，他對弟子的褒貶，還是嚴正地保持自己的原則。

一四〇、子路、子貢、冉有各有其才

季康子問：仲田可使從政也與。子曰：由也果。於從政乎何有。曰：賜也可使從政也與。曰：賜也達。於從政乎何有。曰：求也可使從政也與。曰：求也芸。於從政乎何有。（雍也）

季康子問孔子說：「仲由可叫他管理政事嗎？」孔子說：「由有決斷，對於管理政事又有什麼難呢？」季康子又問：「端木賜可以叫他管理政事嗎？」孔子說：「賜能通達事理，對於管理政事又有什麼難呢？」季康子又問：「冉求可叫他管理政事嗎？」孔子說：「求多才藝，對於管理政事又有什麼難呢？」

本則彷彿是一場人才的考試，也許，孔子在推薦子路、子貢和冉求的時候，只寫著果、達、藝三個人各一字的長處，果真如此，就沒有比這更簡短的推薦信了。後來，這三個人都已做了季氏的家臣，是可以知道的。

一四一、不弒君

子曰：弒父與君，亦不從也。（先進）

季子然問孔子說：「季氏的家臣仲由、冉求是否聽從季氏的話。」孔子說：「要是有大逆不道的事，像弒父，弒君這類，他們也是不會聽從的。」

孔子責備子路和冉求，在季氏去攻伐顓臾時，無法阻止，不僅如此，冉有又為季氏聚斂。而孔子更對包括季氏在內的三個大夫，輕視魯君的作法，不以為然。「弒父與君，亦不從也」，不是用來比喻的話，而是正面批評季氏的不是。

國君選擇臣子，士人選擇朋友，應該把志氣放在前頭，把能夠共患難放在緊迫位置上。如果行動不遵守規律，做事不符合正義，而這種人又身居高位，這樣，禍患就會接踵而至。

一四二、十有五而志於學

子曰：吾十有五而志于學。（為政）

孔子自述說：「我到了十五歲時，便能一心向學。」

孔子生於魯哀公二十二年（西元前五五一年）。孔子的家庭是個沒落、貧窮的士族，而且他的雙親並沒有正式的婚姻關係，孔子因此而在當時的社會上受到一般人的冷眼。他三歲時，父親死去，受人歧視的情形，就更加厲害，為了這樣，他的母親不告訴孔子父親埋葬何處。在孔子幼年時，他以排列祭祀時的禮器作為遊戲，這對他後來講求禮，是很有影響的。對無法祭拜父親之墳，孔子引為悲痛。孔子主張愛人、己所不欲，勿施於人，這種仁的思想，是在他的身世中，所培養出來的。

孔子在大約十五歲時，體驗到知識的重要，而產生了求知的慾望，他雖「志於學」，但是，以當時的社會制度而言，並沒有選擇職業的自由，所以，他雖是沒落的士族，唯有立身做官，是沒有第二條路可走的，而孔子對此並沒有興趣，可是，當時沒有選擇的餘地，因此，孔子才以這種特異的方式，這是「吾十有五而志於學」宣言的意義。

孔子是以學問立身的最早士人，也因此誕生了中國歷史上最早的一位思想家。

一四三、三十而立

三十而立。（為政）

孔子又自述道：「我到了三十歲，就能堅定自守，而有所成立。」

孔子在二十六、七歲時，曾做過下層的官員，有一次是乘田的職位，這是管理牛羊的飼養，據說，在他的指導下，牛羊皆肥。牛羊不但是在工作上使用。也可作供奉的犧牲，所以乘田的官職雖低，卻有著重要的意義。另外，他又做過委吏，這是屬於會計的工作，孔子對帳簿，保持潔整完好，工作仔細，盡全力達成職責。

孔子在三十四歲時，魯國的重臣釐子將死去前，從他的嗣子孟懿子和弟南宮敬叔處，聽到孔子的賢名，而叫他們去孔子的地方習禮。因此，一時之間，許多貴族弟子都入孔子門下。

那時，孔子去遊學周，問禮於老子，南宮敬叔向魯昭公請求，和孔子一起去遊學，去向老子學習。在史記的記載中，懷疑這件事的真實性，但把孔子的學術研究和他對人認識的深度和寬度，來暗示孔子在這個時期的確曾受到影響。

據說，當孔子再回到魯後，弟子就更增多了。

一四四、孔子自謙為御者

達巷黨人曰：大哉孔子。博學而無所成名。子聞之、謂門弟子曰：吾何執。執御乎、執射乎。吾執御乎。（子罕）

達巷鄉黨的人說：「偉大呀孔子！他的學識淵博，可惜不能成一技一藝的名家。」孔子聽到後，對門弟子說：「我該專執於那一項呢？專執駕車？還是專執射藝呢？我看還是專執駕車吧！」

達巷是黨名，七五百家為一黨。這一則的背景，是孔子的弟子已增加了，因而使博學的名聲得以傳至一般人的耳中。射、御和禮、樂、書、數合稱為「六藝」，是古代士必須學習的科目。射是射箭之術，包括運動，祭禮的儀式；御是馬術，是學習駕車的方法。

孔子的父親紇，是位體格雄偉，勇敢有膂力的武士，孔子繼承了他的資質，所以身軀高大、強健，使孔子有「執射乎？執御乎？」的想法，這是在他很率直、謙遜地和弟子討論時所說起的。

一四五、君子之爭

子曰：君子無所爭。必也射乎。揖讓而升下、而飲。其爭也君子。（八佾）

孔子說：「君子和人家沒有什麼好競爭的，有的話，只是在比賽射術的時候吧！但就是比賽，也要相互作揖，然後升堂去比射，射完後，又相互作揖下堂，勝的人揖讓，敗的人升堂飲酒，這樣的競爭，可說是君子之爭。」

從這一則所描寫的看來，孔子可能是善於弓射之術的，因為孔子曾說：「執射乎？執御乎？」所謂執射，就是像這樣來競技。孔子又說：「射不主皮，為力不同科，古之道也。」意思是說：射術是以射中靶的為主。人民所服的力役是按各人的體力來分等級，這是古代的習慣。

從這些章句中，顯現出孔子對射擊競賽的認識。孔子對子路說：「好勇過我。」而以子路為好勇，從這也可看出子路自以為武者，如果他的勇武不能和子路相當，就不致於講出這樣的話了！

一四六、束脩

子曰：自行束脩以上、吾未嘗無誨焉。（述而）

孔子說：「凡是能自動奉送一些敬師的禮品而來的人，我沒有不收他為學生，而給予教誨的。」

「束脩」就是把乾肉做成一束，在入門拜師時，所交出的禮物，是謝禮中最方便的，用不著花費很大，以束脩來表示費用，就是指任何人都教。

孔子弟子中，有孟懿子、南宮敬叔等貴族子弟，但那是例外，大部份是如子路、顏回那樣，和孔子一樣是貧家士族的子弟。

像子路和曾皙（曾子之父）等，是最早期的弟子，那是在孔子三十歲時入門的；三十歲以後，孔子遊學回來，如果孔子不以束脩作為收門弟子的禮物，那麼貧窮士族的子弟，就沒有機會接受教育。熱心的指導、教誨那些下層士族的子弟，使他們能有收容的教育場所了，這是由孔子首創的。

一四七、君君、臣臣、父父、子子

齊景公問政於孔子。孔子對曰：君君、臣臣、父父、子子。公曰：善哉、信如君不君、臣不臣、父不父、子不子、雖有粟、吾得而食諸。（顏淵）

齊景公問孔子為政治國的道理。孔子回答道：「當國君的盡國君的道理，當臣子的盡臣子的道理，做父親的盡父親的道理，做子女的盡子女的道理。」景公說：「好極了！要是君不盡君道，臣不盡臣道，父不盡父道，子不盡子道，縱然國家穀物豐收，我怎能來享用它呢？」

魯昭公二十五年（西元前五一七年），季平子因為鬥雞的糾紛而占據了郈昭領地的一部分。昭公抓住這個機會，派兵去討伐季平子，不料，昭公反而大敗，而亡命齊國，孔子跟隨昭公到齊，史記上說：孔子是希望能在齊景公下，得一出仕的機會。這一則的問答，就是在這樣的情形下產生，那是孔子三十五歲的事，一年以後回國；也有一說是孔子滯齊到四十二、三歲才回國。

一四八、孔子失所離開齊

齊景公待孔子曰：若季氏、則吾不能。以季孟之間待之。曰：吾老矣。不能用也。孔子行。（微子）

齊景公以祿位接待孔子，對孔子說：「要我像魯君待季氏那樣待你，我是做不到的，我可以用魯君對待季氏和孟孫氏之間的禮來待你。」後來，齊景公又說：「我老了，恐怕是不能用你了。」於是孔子就離開了齊國。

這是孔子在齊國失去了被採用的機會，回到魯國後才講出來的。所謂「季氏和孟孫氏之間的禮」是怎樣的呢？這是一個耐人尋味的問題。

史記在此之前，曾記載齊景公因晏嬰的反對，而不採用孔子。晏嬰對齊景公說：「儒家是傾其家產也要維持葬者之禮的，從服飾講究到走路的禮節，如用儒者來帶領齊國的政治，則齊國人民必亂。」

在齊國，其他如齊君的家臣中，也曾有人欲暗殺孔子，這都是孔子離開齊國的原因。在那時，孔子似乎被看作是一個有危險思想的人。

一四九、孔子讚美晏平仲

子曰：晏平仲善與人交。久而敬之。（公治長）

孔子說：「晏平仲這個人善於跟人交往，而且彼此相處久了，愈是能尊敬他。」晏子，名嬰，字平仲，是齊靈、景、莊三公的宰相，常能輔佐國君處理重要政事，使後世的人歌頌他的才幹。

景公三十三年，是孔子隨昭公至齊的第三年，景公看到天象中有慧星出現，認為有凶事，因而煩惱不已。為了避災而祈神，晏嬰對景公說：「祈禱不能使彗星消失，你的災禍是來自宮中的奢華，以及對人民的征稅重，如果再不改變，則不僅是彗星，就是茀星也將出現。」這是晏嬰合理思想論的實例，這和孔子「敬鬼神而遠之」的想法一樣，而且和「非其鬼而祭之，諂也」的說法也是相通的。

孔子有關禮制的政治哲學和晏嬰並不相同，但像這樣合理性的科學神，孔子是非常尊敬晏嬰的。

一五〇、三月不知肉味

子在齊聞韶。三月不知肉味。曰：不圖、為樂之至於斯也。（述而）

孔子在齊國時，有機會聽到了韶樂，學習了三個月，在此一時期中，連吃肉都不知道滋味，他說：「沒想到音樂的美竟到這樣美的境界！」

韶是舜時的音樂，孔子聽到這種音樂，因而對音樂有了新的認識，孔子喜歡音樂，自己也會演奏，他說，人的情操，可以因音樂而提高。本則中，深厚的體驗可看作是孔子的音樂觀點。孔子曾以「盡善盡美」來描寫聽到的韶樂。

三十五歲以後在齊國的那幾年中，起先因晏嬰的阻撓使齊景公不能採用孔子，後又受到暗殺，在政治上沒有機會一展抱負，不得不回魯國，但從齊國的文化環境中，得到的收穫，卻足以彌補這種不如意，政治上的失與精神上的得，暗示出孔子以後人生的動向。

一五一、孔子與人合唱

子與人歌而善、必使反之、而後和之。（述而）

孔子同人家一起唱歌，聽到人家唱得好，一定要請他再唱一次，然後再跟他一起唱。

這是屬於比較輕鬆的一章，描寫孔子愛唱歌，休閒的樂趣所在。

※　※

富貴之交，雖然認識不久，但其趨勢必然會天天親密；窮賤之交，雖然是很早的交情，但其前景就將日漸疏遠。

以上所說的朋友關係，雖然不足為訓，但的確反映了以利害相交的一般世風，從反面說明了真誠友誼的可貴。

一五二、四十而不惑

四十而不惑。（為政）

孔子自述，到了四十歲，對一切事理，能通達沒有疑惑。

魯昭公在亡命齊國時，正是他在位後的第三十二年（西元前五一〇年），當時孔子四十二歲。昭公出亡後，魯國有七年沒有國君，後來定公被推為繼承者。

孔子三十年代後半中都在齊國，既無政治機會，像這樣的不得意，到了四十年代，仍沒有改變，因為魯定公即位後，魯國的政治不安定，且更加紛亂，實權落在季氏等三人及其家臣手裡，孔子在這樣異常的政治中，因而不出仕。「故不仕，退而修詩、書、禮，弟子益眾，從遠方至，無不受也。」史記如此記載他這一段的生活。

孔子在四十歲年代，一方面找尋出仕的機會，一方面研究學問，對弟子的教育傾其心血，他對自己的做法，沒有一點不安、動搖或焦慮。「四十而不惑」這種自述，正是當時孔子心境的寫照。

一五三、邦無道

子曰：直哉史魚。邦有道如矢、邦無道如矢。君子哉蘧伯玉。邦有道則仕、邦無道則可卷而懷之。（衛靈公）

孔子說：「史魚真是個正直的人！在國家有道時，他正直得像一支箭；在國家無道時，他還是正直得像一支箭。蘧伯玉也可算得是個君子呀！在國家有道的時候，他便出來做官；他在國家無道時，便引退而隱藏自己的才華。」

史魚、蘧伯玉都是衛國的賢大夫。

史魚在衛靈公重用佞臣彌子瑕時，加以諫言，但未被接納，所以臨死時遺言：自己無法達成為臣子的責任，而要家人把屍骸拋棄，靈公知道了後，表現得十分後悔。蘧伯玉的使者在拜訪孔子後，孔子稱揚蘧伯玉為君子（第四十四則），這彷彿是孔子本身的體驗，而產生的共鳴。

一五四、懷德應救世

陽貨……曰：懷其寶而迷其邦、可謂仁乎。曰：不可。好從事而亟失時、可謂知乎。曰：不可。日月逝矣。歲不我與。孔子曰：諾、吾將仕矣。

（陽貨）

季氏的家臣陽貨想要會見孔子，於是設下計謀，把一隻蒸熱的小豬送到孔子家去。孔子並不想見他，就趁著陽貨不在家的時候，去回拜他，不巧，在路上剛好遇到陽貨。

陽貨對孔子說：「來，我對你說，一個懷藏他的道德而不救國家的迷亂，算是仁嗎？」

孔子說：「不算是仁。」

陽貨又問：「喜歡出來做事，又屢次錯失機會，算是智嗎？」

孔子說：「不算是智。」

陽貨道：「日子過得快，歲月不會等待我們的！」

孔子說：「哦！我將準備出來做官了！」

陽貨在史書中被寫作「陽虎」。陽貨曾為季氏邀請士人來參加宴會，卻沒有邀請年輕而位賤的孔子，而將孔子辭退回去，那時孔子十七歲，所以，陽貨和孔子的因緣很深。

定公五年，陽貨把在家臣的衝突中做仲裁的季桓子給抓起來，將之關在獄中，直到季桓子謝罪了才釋放，可見陽貨在魯國頗能左右政治，那時孔子四十七歲，本則所講的話，是那時的事。

孔子眼見君權轉到三大夫家，再轉到陽貨，這種下譖上的狀況，孔子是不以為然的。但是在本則中，至少，陽貨對孔子極為重視，這是可以看得出來的。

※　※

上面的人有一點黑，下面的人就有一抹黑；上面的人有一根頭髮那樣的差錯，下面的人就有一丈長的差錯。先修正自己再端正別人，叫做善政；先修正自己再教育別人，叫做善教。如果整體沒有端正，那麼，局部就更難以端正。

一五五、何謂恥

憲問恥。子曰：邦有道穀。邦無道穀、恥也。（憲問）

孔子的弟子原憲問孔子，什麼是可恥的。孔子說：「在國家有道的時候，只知道食祿而沒有建樹；在國家無道的時候，也只知道食祿而不能獨善其身；這些都是可恥的。」

原憲是孔子的弟子，名憲，字子思。

這一則和前一則對蘧伯玉的稱揚一樣，都是用來教弟子的，和這相同的訓誨，有好幾處，如「邦有道，危言危行；邦無道則僤行直言」，在有道的國家，可不顧慮的直言，貫徹主張以行，在無道的國家，就必須慎言。

孔子對顏回說：「一旦被採用，要發揮權力；不被採用時就靜觀，能做到這樣的，只有我和你吧！」孔子稱揚蘧伯玉，就是根據這樣的出仕觀，他並且以這「用舍行藏」的哲學來教原憲什麼是可恥的事。據說，原憲在孔子死後，在一湖澤畔居住，他和脫俗的顏回的個性是有些類似的。

一五六、五十而知天命

五十而知天命。（為政）

孔子自述：到了五十歲，我就能知道事物之所以當然之理了。

孔子在五十年代，可以說是從四十歲靜止的狀態一轉到一個動的時代。好像是一個巧合，在定公八年，魯國的政治，冉陽貨弄權的局面有了變化，而這一年，孔子正好是五十歲。

季桓子的家臣中，除了陽貨，還有仲梁懷和公山不狃（論語中叫公出弗擾）。仲梁懷仗著季桓子的寵信，和陽貨爭奪權力，後來，陽貨終於運用計謀解決了仲梁懷。

定公八年，公山不狃和季桓子的不和表面化了，公山和陽貨聯手，想要打擊季桓子，他們二人的目的是想要廢三家的嫡子，而立和陽貨有關係的庶子，於是，他們找了藉口把季桓子給囚禁起來。後來，季桓子好不容易才逃了出去，重整三家的勢力，而陽貨終於失勢。九年，陽貨就逃亡到齊國去。

陽貨亡命於齊後，公山不狃躲到季氏的封地費邑，而派人去召請孔子。

一五七、孔子想興周道

公山弗擾以費畔、召。子欲往。子路不說曰：末之也已。何必公山氏之之也。子曰：夫召我者、而豈徒哉。如有用我者、吾其爲東周乎。（陽貨）

後來，公山不狃（弗擾）以費邑為據點起來叛變，召孔子去，孔子正想去、弟子子路知道了，非常不悅，就向孔子說：「就算是沒有地方可以去，又何必要到公山氏那兒去呢？」孔子說：「既有人召我去，難道會白召我嗎？如有人要用，我將行周道於東方啊！」

公山不狃起先和陽貨同夥，而孔子在前面沒有幫助陽貨，那裡又能去幫助公山不狃呢？但孔子卻表示出要去的意思，所以子路當然會不悅。

史記上說，因為孔子長期作學術研究，所以積聚了很多的經驗，不過，因為子路的反對，最後並沒有前去。

清崔述洙泗考信錄以為此章所載之事可疑。蓋公山不狃叛時，孔子正為魯司寇。

一五八、匡之難

子畏於匡。曰：文王既沒、文不在茲乎。天之將喪斯文也、後死者不得與於斯文也。天之未喪斯文也、匡人其如予何。（子罕）

孔子在匡被圍而有戒心。他說：「文王已經死了，傳統文化不是在此地嗎？如果天意要喪失這種文化，那麼我這後死的人，也不能參與了解這種文化了。如果天意不想喪失這種文化，匡人又能把我怎麼樣呢？」

孔子離開了魯國，走到衛，有人在衛靈公前中傷孔子，所以，孔子只停留了十個月，就又到陳，這件事是發生在要去陳的途中。

陽貨曾侵擾匡，而孔子與陽貨長得相像。因此，匡的居民誤孔子為陽貨，而將他拘禁了五天，孔子回來後，對為他擔憂的弟子說了這些話，後來發現顏回不在弟子之中，而為他擔心，也在這個時候。

一五九、孔子不能在魯行道之因

齊人歸女樂。季桓子受之、三日不朝。孔子行。（微子）

齊國送了一批女樂隊給魯國，季桓子接受了，君臣一同賞玩，三天不行朝禮，孔子於是離開了魯國。

這是在定公十四年之事。比這早一點，在定公九年，公山召聘孔子不久，孔子在魯國，從中都而升為司寇，這是孔子一生中所任的最高官位。

史記記此時孔子的事蹟有二：一是定公十年和齊景公在夏谷的會盟，在此次會盟，孔子輔佐定公，晏嬰輔佐齊景公。孔子諫定公說：「有文事者必有武備。」這使完全沒有武備的定公帶了武官前去，最後成功地取回被齊所佔領的三個城市。

另一件事為定公十三年，孔子為了削除三家的勢力，而毀棄三家的城壁，也可能為此，而使子路去做季氏的家宰，因為子路是個能實行的人，孔子的做法，遭到很多困難，雖然也破壞了孟氏和季氏的城牆，但沒有成功。

定公十四年，齊怕魯因孔子而興盛，因此，藉著孔子的弱點，送女子的樂隊到魯國，以此為謀略。

齊國選拔了八十個美女、三十輛馬車，送到魯國，一行人在都城南門表演，季桓子著私服亦前往觀賞，以巡察的名義邀請定公，並以此為口實，鎮日取樂。

看到這種情形，子路就要辭職，孔子說：不久將有祭天的典禮，等祭禮完畢，若按禮，而將祭肉分給大夫，則周還有救。可是祭肉終於沒有。分給大夫，因此孔子辭職離開了魯國。

那時孔子五十六歲，而使十四年的遍歷諸國從此時開始。

※　　※

古代聰慧明智的國君，所以能大大超過其他人，沒有一個不是把聽取意見當做最先要盡力去做的。能聽取別人的規勸，國家就昌盛；不能聽取別人的規勸，國家就衰亡。

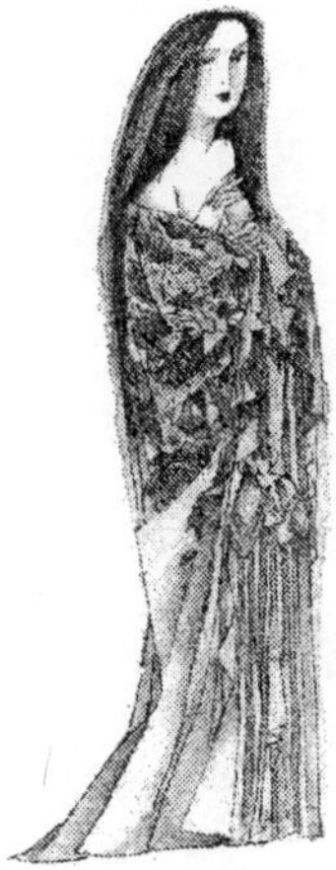

一六〇、子見南子

子見南子。子路不說。夫子矢之曰：予所否者、天厭之、天厭之。

（雍也）

孔子去見南子，子路大為不悅。孔子因而發誓道：「我有不合禮、不由道的地方，天會厭棄我，天會厭棄我的！」

孔子在匡脫難以後，又回到衛，想去看蘧伯玉。衛靈公夫人南子派使者去向孔子說：「想要和我國君主結交的人，一定先要和夫人見面。」孔子因此不得已去見南子。

孔子向北對南子行禮，在帳中的南子回禮。那時，南子腰間的玉珮發出璆然的聲音。南子是靈公寵愛的妾，但有不好的風評，孔子卻去見她，子路為此而生氣。

※　　　※

摒除讒言遠離女色，不追求物質享受而提倡美好的品德。這是儒家的修身原則之一。

一六一、好德和好色

子曰：吾未見好德如好色者也。（子罕）

孔子說：「我沒見過好德像好色那樣真切的人。」

衛靈公和夫人南子，坐在同一輛車上，並且有宦官陪乘，孔子所乘的車跟隨在後，行在市內。此時孔子說：「吾未見好德和好色者也。」史記中是這樣記載的。衛靈公寵愛南子，並喜與之周遊市內，而以孔子為裝飾，使耽弱於女色和樂的定公以及季桓子，都比不上。衛國也是多難的，在這樣的情況下，又怎能任用孔子呢？於是孔子只能向曹國而去了。時定公十五年，孔子五十七歲，定公死，哀公即位。

※　　※

有德行的人，彼此重視精神相通，以主張一致為貴。因此，互相知心何必要求時間早？抱負相同便一見如故。

一六二、天生德於予

子曰：天生德於予。桓魋其如予何。（述而）

孔子說：「天既然賦予我這樣的品德，桓魋又能把我怎麼樣呢？」

孔子從曹又到了宋。

在旅行於宋國時，有一次，正在大樹下和弟子們一起討論禮，宋的大臣桓魋走了進來，拔了大樹，並想要殺孔子，孔子逃離了，然而弟子們非常擔心，孔子就說：「天生德於予，桓魋其如予何。」

出了魯國數年，這是孔子五十多歲的事，在這一階段中，孔子說到「天」有三次，其中有兩次是在面臨生命危險的時候，這是孔子對上天加重給自己的使命，更加確信的表示吧！

※　※

好人常常是直話直說，不順從社會上那些歪風邪氣；品質不好的人虛浮、奉承多，不義的東西也隨便領受。

一六三、三年有成

子曰：苟有用我者、期月而已可也。三年有成。（子路）

孔子說：「如果有人用我來治理國政，一週年便可以了，三年便可以宣告成功。」

孔子逃離了桓魋之難，而在陳國住了數年，陳是個弱國，常受到大國的侵犯，所以孔子又回到衛，靈公歡迎孔子回來，但靈公的年紀漸大，幾乎已不問政事，自然無法重用孔子；史記以為是孔子對此的歎息。

※　　※

國君，是制定政策法令的人；臣子，是貫徹執行國君的政策法令並讓老百姓照著做的人；老百姓，是生產各種生活用品以侍奉君臣的人。不過，國家平安或危險，宰相的能幹或不能幹就可看出來。

一六四、吾豈匏瓜也哉

吾豈匏瓜也哉。焉能繫而不食。（陽貨）

佛肸派人來召請孔子，孔子想要去。子路說：「以前我聽老師說過，一個人本身做過不善的，君子是不願到他那裡去的。現在佛肸據中牟叛變，老師要到他那兒去，這怎麼說呢？」

孔子聽了，就說：「是的，我是說過這話的。但我不也說過堅硬的東西，怎麼磨也不會薄嗎？不也說過最潔白的東西，怎樣染也染不黑嗎？我難道是匏瓜嗎？怎能只是懸掛著而不被人採來吃呢？」

佛肸是晉的家臣，兩在中牟任官，他在中牟叛變，想召孔子前去，這是孔子對衛靈公失望而離開以後的事，後因子路反對，而沒有去應聘。

遇到這種情況，會表示出意見的，多半是子路，而孔子也常向子路辯明，在孔子到各國去周遊時，可以看得出，他一直是抱著要出仕的希望。

一六五、有美玉於斯

子貢曰：有美玉於斯。韞匵而藏諸。求善賈而沽諸。子曰：沽之哉、沽之哉。我待賈者也。（子罕）

子貢問孔子說：「有一塊美玉在這兒，你是要用匣子裝好藏起來呢？還是找個好價錢把它賣掉？」孔子說：「賣掉吧！賣掉吧！我只是在等待好價錢要賣的！」

子貢的這個問題到底是在什麼時候提出的，並不清楚，只知道在孔子周遊各國時。子路多半是率直地反問，而子貢則採委婉的方式，對子貢，孔子也常將自己的心情率直地表明。

※　　※

議論學術，應該看看他的實踐；議論政事，應該考察它是否符合當前現實。讓自己去擔當責任，才能了解到面臨的事情是多麼棘手；對那些置身事外的人，我們不必奇怪他們為什麼如此隨隨便便地發表議論。

一六六、荷蕢隱者之言

子曰：果哉。末之難矣。（憲問）

孔子在衛國的時候，有一天，正在擊磬自誤。有一個挑著草器的人，從孔子的門口走過，說：「那個擊磬的人，真有救世的誠心啊！」過了一會兒，他又說：「這個擊磬的人太鄙陋！心志是那樣地固執，世人既然不賞識你，這也就算了吧！詩經上說：遇到深水，便和衣涉水過去；遇到淺水，就捲高衣裳，涉水過去嗎？」孔子知道後，就說：「這人如此果決地把世事忘得一乾二淨，我對他無可非難了。」

那個挑著蕢的隱者，把對現實仍抱希望的孔子，看作是不知世事的人，他以為世局既然如此，就不該浪費唇舌而應隱遯。孔子後來的話，並不是對此人不滿而反駁，而是有著和荷蕢者共勉的意思，至少，他們兩人把世事看成紛亂的這一點，是相同的。

在論語中，批評孔子的篇章有好幾處，但在基本上，都和此篇的看法一樣。

一六七、孔子自謂求學軍旅之事

衛靈公問陳於孔子。孔子對曰：俎豆之事、則嘗聞之矣。軍旅之事、未之學也。明日遂行。（衛靈公）

衛靈公問孔子有關於兵陣的事。孔子回答說：「關於禮制祭祀的事，我倒聽過；關於軍隊戰伐的事，我卻沒有學過。」這事過後的第二天，孔子便離開了衛國。孔子離開衛以後，又拒絕了佛肸的召聘，而想轉到晉國去，但是，就在那時聽到自己想去投靠的兩個大夫被殺，又只好再回到衛來，那是魯哀公十二年，孔子五十九歲的事。

史記中記載。在衛靈公問陳的次日，又召孔子，可是當孔子面見他的時候，靈公卻只注意著天空飛的鴻雁，而無視於孔子，為此，孔子又決定向陳國去。

後來，衛靈公在這一年的夏天死去，他的孫子輒（出公）即位。靈公的長子蒯聵因為和南子不和，而出奔於晉，靈公死後，蒯聵得到晉的支援，回到衛與輒爭君位，輒以靈公的遺命為恃，兩人爭奪得十分激烈。

一六八、求仁而得仁，又何怨

曰：求仁而得仁。又何怨。出曰：夫子不為也。（述而）

冉有說：「我們的老師會不會幫助衛君（出公輒）呢？」子貢說：「是啊！我也正要問這件事。」於是，他們就進去見孔子，問道：「伯夷、叔齊是怎麼樣的人呢？」孔子說：「他們是古代的賢人。」子貢說：「他們遜國讓位以後，心裏會悔恨嗎？」孔子說：「他們讓位是想求得仁，而終於得到了仁，還有什麼悔恨的呢？」子貢從孔子那裡出來以後，就對其他的人說：「老師不會去幫助衛君（出公輒）的。」

伯夷和叔齊是商代末，孤竹國國君之子。伯夷以父之遺命，故而把君位讓給弟叔齊；叔齊以為嗣位當長幼有序，故不受命。

孔子在靈公死後，仍留在衛國，所以，孔子在衛國的君位爭奪之中，究竟支持那一方，頗受人注意，故而子貢以伯夷的故事來試探孔子。

一六九、必也正名乎

子曰：必也正名乎。（子路）

子路對孔子說：「衛君（出公輒）等待老師去幫他主政，老師將以什麼事為先務呢？」孔子回答說：「必定要先正名分！」

眾人以自己的原則來正名分，是無法相通的；如果眾人的正名原則可以互通，道德就可以確立，法律也才能被尊重；道德亂了，法律就變成有名無實，所以為政者必須先名正，這是社會規範的先決原則，故而，正名是非常重要的。

在此所講的是衛出公輒的事。史記載：出公因孔子的弟子有許多在衛仕官，而希望召請孔子，子路感到孔子可能前去，而向孔子提出此一問題。

※　　※

好的名聲不會憑空產生，好的贊譽不會自己出現，只有做出很大功績的人，好名聲才能夠確立起來。因此，一個人的名聲和別人對他的贊譽，都是與他的貢獻成正比的。

一七〇、六十而耳順

六十而耳順。（為政）

孔子自述說：「我到了六十歲，對自己所聽到的，都能明白，心裡也不再感到違逆。」

現在，有人稱六十歲為耳順之年，五十歲為知命之年，四十歲為不惑之年，三十歲為而立之年，就是源於孔子的自述。孔子六十歲的時候，是魯哀公三年（西元前四九二年），孔子正在陳國，秋天時，魯國季桓子生病，坐在手推車上的季桓子望著都城而歎息說：「以前，我們魯國本來是要興盛的，可是，我為了女色和樂，而棄絕孔子。」季桓子後來對季康子說，務必要召孔子回來；但家臣告訴季康子說：「當初魯定公無法任用孔子的事，成為鄰近諸侯國的笑柄，今你如任用他，恐怕也會被其他的國家譏笑吧！」季康子因受桓子的遺命，就問說：「要如何呢？」家臣回答說：「任用冉有吧！」季康子就派人去找冉求。如此一來，孔子回到魯國的機會又消失了，此後，過了八年，孔子才又回到了魯國。

一七一、吾黨小子狂簡

子在陳曰：歸與。吾黨之小子、狂簡斐然成章。不知所以裁之。（公冶長）

孔子在陳國的時候，對弟子歎息道：「回去吧！回去吧！在我的家鄉的一批弟子們，他們的進取心強，然而行事卻疏略，道德和學識文章也都很有些成就，就是不知道怎樣去加以裁節！」

冉有要去魯國時，孔子和他餞別道：「魯國召你回去，不是小事，一定有重要的工作。」這是孔子對冉有的鼓勵，同時也把自己對政治改革的心情，寄託在冉有身上。

孔子說：「吾黨之小子狂簡，斐然成章，不知所以裁之！」在這一句話中充分表現出他回到祖國的心情，以及他負起教育下一代的責任。

一七二、鳥獸不可與同群

鳥獸不可與同群。吾非斯人之徒與而誰與。天下有道、丘不與易也。

（微子）

長沮和桀溺兩人一同在田裡耕作。孔子從楚國到蔡國去，經過他們那兒，叫子路去問他們過河的渡口在那裡。長沮說：「那車上拉著韁繩的人是誰？」子路說：「是孔丘。」長沮說：「是魯國的孔丘？」子路說：「是的。」長沮就說：「那麼，他應該曉得渡口在那兒了！」

子路去問桀溺，桀溺說：「你是誰？」子路說：「我是仲由。」桀溺說：「是魯國孔丘的門徒嗎？」子路回答道：「是的。」桀溺說：「滔滔大亂，天下莫不如此，而有誰能改變這種局面呢？況且你跟從避人的人，不如跟從避世的人。」說著，仍然不停地在田裡工作。

子路回來告訴了孔子，孔子悵然地說：「人不可能跟山林的鳥獸同群而居，我不跟這些世人在一起，我還跟誰在一起呢？天下如果平治的話，那我孔丘也不用出來改變這種局勢了。」

孔子在哀公四年從陳國到蔡國去，第二天，又從蔡國到葉，葉是魯國的領地，葉公問孔子於子路，子路不知如何回答。

孔子後來說：「你為什麼不回答他說，孔丘這個人，發憤忘食，樂以忘憂，不知老之將至。」不久，孔子又離開葉而回到蔡，這則就是發生在中途的事。

長沮、桀溺和荷蕢的隱士一樣，都是否定國家體制的，看不慣孔子的積極。可是孔子卻又被社會體制所拒絕，其實，他們和孔子也有相同的地方，所以，對孔子所講的話，也算是一種忠告。

※　※

反對過去傳統規定的，不一定應該否定；一成不變的遵循舊制度的，也不值得完全肯定。時代變了，面臨的問題就不一樣了；面臨的問題不同，與之相適應的方法、措施也相應地要做出改變。

一七三、孰為夫子

子路從而後。遇丈人以杖荷蓧。子路問曰：子見夫子乎。丈人曰：四體不勤、五穀不分。孰爲夫子。植其杖而芸。（微子）

子路跟從孔子，落在後面，遇見一老人，他用枴杖擔著一個除草的器具。子路上前去問：「你可見到我的夫子嗎？」老人說：「你們這些人，手足不勞動，五穀也不能分辨，誰是你的夫子？」說著，仍插好他的枴杖除草去了。

子路斂手恭敬地站在旁邊。後來，老人留子路在家過夜，還殺雞作飯來招待子路，又叫他的兩個兒子出來拜見子路。

第二天，子路趕上了孔子，並把昨天的事告訴孔子，孔子說：「那是個隱士。」又叫子路回去看來。到了老人家，老人卻出去了。

孔子的理想不被社會接納，其內心又不願和凡俗妥協，這種心理和隱者脫俗的差別是很小的。孔子自幼就有改革世俗的使命感，只是一直將之隱藏在內心，沒有表現出來。在孔子隱藏的自我中，聽到隱者的忠告而耳順。史記一書中，搜集了許多隱士的事蹟而編為一則，也是很有道理的事。

一七四、小人窮斯濫矣

在陳絕糧。從者病、莫能興。子路慍、見曰：君子亦有窮乎。子曰：君子固窮、小人窮斯濫矣。（衛靈公）

當孔子一行離開衛國，走到了陳國時，斷了糧，從行的弟子們都餓病了，起不來。子路心裡不快，來見孔子說：「君子也會遭遇這樣的窮困嗎？」孔子說：「君子固然也有窮困的時候，但小人窮困時，便不守本分亂來了。」

從葉回到蔡國去的孔子，遇到了楚國派來的使者，為了回禮，孔子要到楚去。蔡的大夫和鄰國的大臣商議，若孔子被楚君任用，則對蔡國不利，於是設法拘禁了孔子。孔子趕緊派子貢到楚去求援。在被拘禁的期間，孔子照樣看書彈琴，一點都沒有憂慮的樣子。

※　※

竹子死了，節不變；花兒落了，還留有香味。人的生命可去，氣節決不能變。

一七五、何為則民服

哀公問曰：何爲則民服。孔子對曰：舉直錯諸枉、則民服。舉枉錯諸直、則民不服（為政）

魯哀公問孔子說：「怎麼樣才可以使老百姓服從呢？」孔子答道：「舉用正直的人放置在邪曲的人上面，老百姓便服了。舉用邪曲的人放置在正直的人上面，老百姓便不會服了。」

在他絕糧時，孔子是六十三歲。一行人因為楚的救援，脫離了窮地，而回到衛國，然後再回到魯國，那是哀公十一年，孔子六十八歲時。孔子因周遊列國從魯到衛、曹、宋、鄭、陳，而後又回到衛；又到陳、蔡、衛。從五十五歲離開魯國，在外遊歷了十四年之久。

對哀公問，孔子對以「知人」，這和樊遲問知的回答一樣（第七十九則），史記以為這是孔子回到魯國以後的事。哀公以政事問於子，而召孔子回到魯來的季康子並沒有任用孔子，孔子也沒有向他求官。

一七六、七十而從心所欲

七十而從心所欲、不踰矩。（為政）

孔子自述說：「我到了七十歲，能隨心所欲，也不會有超越法度的地方。」

孔子在六十八歲時結束周遊列國，回到了魯國，一直到魯哀公十六年，他七十三歲去世為止，這一段期間，孔子專心於研究學問和教育弟子，譬如刪詩經為三百篇，整理易經等。今人把熟讀某書為「韋編三絕」，就是孔子讀易時的勤學故事。雖然史記中，沒有很肯定地指出刪詩經，贊周易確定的事，然而，在這個時期，孔子的確是潛心研究學問的。

孔子並沒有將自己一生剩餘的時間，用在政治上，而用在對學問的研究和教育弟子的工作上，這就是「不踰矩」的意義。

孔子並不像其他的隱士，在「荷蕢」或從事耕種，但孔子的作法卻和隱者的忠告不謀而合。

一七七、君子遠其子

問一得三。聞詩、聞禮、又聞君子之遠其子也。（季氏）

陳元問孔子的兒子伯魚說：「你有沒有聽到你父親教你的另一套呢？」

伯魚說：「並沒有。只是有一次，我父親一人站在堂上，我很快地穿過庭院，我父親見我，就問我說：『你學過詩沒有？』我說沒有，父親就說：『不學詩，就不懂得講話。』於我退下後，便趕快去學詩了。

過些日子，我父親又一個人站在堂上，我很快地穿過庭院。我父親說：『學過禮沒有？』我說：『沒有。』父親就說：『不學禮，你沒有辦法在社會上立身。』於是我退下便去學禮。我私下只聽到這兩項教訓。」

陳元退下後高興地說：「我問一件事，卻知道了三件事：知道了學詩的道理、學禮的道理，還知道了君子對自己的孩子也是不偏私的。」

一七八、關雎樂而不淫

子曰：關雎樂而不淫。哀而不傷。（八佾）

孔子說：「關雎這篇詩，說到快樂處，不流於放蕩，說到悲哀處，也不致於太過分。」

「關雎」是詩經的開始：「關關雎鳩，在河之洲，窈窕淑女，君子好逑。」從動植物的生態，而詠出主題的方法叫「興」。

孔子對詩經及詩經的音樂，非常喜愛，他說樂官長摯的作品，尤其是詩經的最終樂章，非常之好。常有餘音充塞在他的耳中，而說「洋洋乎盈平耳」。關雎一首，充滿「樂而不淫」的感情；相對的，孔子對詩經中的「鄭聲」卻頗為排斥，因為他說「鄭聲淫，佞人殆」，在一二七則中，孔子曾對顏回這樣說。

一七九、詩的效用

子曰：小子何莫學夫詩。詩可以興、可以觀、可以群、可以怨。邇之事父、遠之事君、多識於鳥獸草木之名。（陽貨）

孔子對弟子們說：「弟子們！何不學詩經呢？詩可以激發人的心志，可以觀時政的得失，可以溝通人們的情意，可以抒暢個人的憂怨。近處可以教人懂得事奉父母，推廣一點，可以了解事君的道理。還能多記識鳥、獸、草、木的名稱。」

「可以興」在前則已講過。「怨」是指對政府的暴政不滿，詩經中有許多抱怨苛政的詩。

在詩經裡，有豐富的動植物知識，所以，詩經中不僅是涉及人的社會，更包括了大自然的世界。

※　※

只要真心誠意地向典範人物學習，即使無法完全學到，也比因偶爾做一件好事而成名的好。

一八〇、不讀詩，無以言

子謂伯魚曰：女為周南召南矣乎。人而不為周南召南、其猶正牆面而立也與。

（陽貨）

孔子對伯魚說：「你學過詩經中的周南、召南嗎？一個人如果沒學過周南、召南的詩，他就好比面對對牆而站著啊！」

周南、召南是詩經國風中最初的兩篇。國風是各國的民謠，周南是周都，大約相當於今天西安西南方的民謠，其中以男女言情的詩較多。

孔子對伯魚說：「不學詩，無以言。」他的意思是，不讀詩，無法培養表達的能力，本則是補足一七七則，孔子勸伯魚對詩要用功。

孔子贊同寡言，但是，這不表示他贊同沒有表現能力，語言的表達能力，是可以從讀詩中培養出來的。

一八一、詩的應用

子曰：誦詩三百、授之以政、不達、使於四方、不能專對、雖多亦奚以為。

（子路）

孔子說：「讀完詩經三百首，授給他政事，他不能夠治得好。派他出使到各國去，又不能單獨作主應對的人，雖然詩得多，又有什麼用呢？」

讀詩的目的在「言」，因此，授之以政和使於四方都是表現「言」的能力。孔子隨定公一同至夾谷會盟，晏嬰輔齊景公亦赴會。孔子在事前對定公說：「有文事者必有武備。」定公因而帶了武官同去，也才防止了景公暗殺定公的謀略。而且又使齊歸還了先前占領的土地。孔子把「有文事者必有武備」化為行動，這也是孔子「誦詩三百，授之以政」的實例。

※　　※

善於回答問題的人，像敲鐘一樣。輕輕的敲，就小聲地響；重重地敲，就大聲的響。不要把一個本來簡單的問題回答得很複雜，也不要對一個需要仔細說明的問題，回答得過於簡單。

一八二、子奚不為政

或謂孔子曰：子奚不爲政。子曰：書云、孝乎惟孝。友于兄弟、施於有政。是亦爲政。奚其爲爲政。（為政）

有人對孔子說：「先生何不從政呢？」孔子說：「尚書上說的，真正的孝啊！能孝順父母的人，必能友愛兄弟。如果把這種心推廣到家庭間，能治好一家的事，這也算是從政，又何必要做官才算從政呢？」

這是孔子回到魯之後，有人問及孔子的。從這則看來，孔子並沒有回到政壇的意願，只是他仍將自己看成是從政的一員而已。

在顏回死時，其父顏路曾要求孔子將馬車賣掉，以為顏回買外棺，而孔子以為自己仍是大夫，是不能沒有車代步的，而拒絕了顏路（見四十三則）。這是孔子七十歲時的事，從顏路的要求，或本則所講，都可以知道，孔子對從政一直抱著彈性的看法。

一八三、脫俗的志向

莫春者、春服既成。冠者五六人、童子六七人、浴乎沂、風乎舞雩、詠而歸。（先進）

這是論語中最長的一章。

子路、曾晳、冉有、公西華四人陪侍著孔子坐。孔子向他們說：「不必因為我的年紀比你們稍大些，你們就拘束起來。平時你們常抱怨：沒有人了解我！如果有人要知道你們，能用你們，那麼你們將怎樣治理呢？」

子路連忙回答說：「假如有個千乘之國被大國脅迫，外面又有軍隊來侵伐，裏面又鬧飢荒，讓我來治理這個國家，只要三年，便可使老百姓有勇，並且懂得道義。」孔子聽了微微向他一笑。

孔子繼續問：「求，你怎樣呢？」冉有答道：「假定有六七十里的地方，或再小點，只五六十里，讓我來治理，只要三年，可以使老百姓富足；至於禮樂教化，只有等待更有才德的人來做了。」

孔子再問：「赤，你怎麼樣呢？」公西華答道：「我不敢說做得怎麼好，但願學習一些，如宗廟裡的祭祀，諸侯相會見，穿著禮服，載著禮帽，我願在那裡做個贊禮的小相。」

「點，你怎麼樣呢？」曾皙聽到老師叫他，把正在吹的瑟放了下來，鏗的一聲，推開了瑟站起來。回答說：「我和他們三位的抱負不同。」孔子說：「那有什麼關係呢？只是各人說說自己的志趣罷了。」曾皙說：「當暮春的時候，穿上了春裝，邀五六個年輕人，六七個小孩子，到沂水邊玩玩水，再到舞雩去兜兜風，然後唱著歌回來。」孔子喟然歎道：「我贊同啊！」

這一則具體表現孔子脫俗的志向，但孔子並沒有成為一個隱士，不過，這穩居之念，始終藏在孔子的心裡。

※　　　※

不要羨慕地位高與錢財多，不要憂慮地位低與錢財少，應該問問自己道德修養怎麼樣，地位錢財何必談？君子追求的是道義，不是財富。

一八四、吾不復夢見周公

子曰：甚矣、吾衰也。久矣、吾不復夢見周公。（述而）

孔子歎息地說：「我已衰老極了，已有很久一段時間了，我都不再夢見周公。」周公是周武王的弟弟，魯國的開國之祖，當初，他派自己的兒子伯禽治魯，自己留在周，武王之後，周公和武王之子成王一同視事。

孔子視周公為鞏固周政治體制的賢人，故而非常的尊敬他。孔子曾說：「監於周二代，郁郁乎文武！吾從周。」周以夏、殷二代之文化為基礎，而產生輝煌的文明。所以孔子才如此讚美，這也是孔子對周的政治文化的想法。

孔子要應公山不狃召聘時曾表示：要把周理想的政治，在魯重建，他有如此大的抱負（一五七則）。那時，孔子一定常夢見周公吧！而今，周公已很久不出現在孔子的夢中，因此，孔子在肉體和精神上，不得不感到自己的衰老。

一八五、隱棲的內心

子欲居九夷。或曰：陋。如之何。子曰：君子居之、何陋之有。（子罕）

孔子想到東方的夷國去居住。有人就對他說：「那兒太閉塞落後了，怎麼可以呢？」孔子說：「只要君子願意去住，又怎麼會閉塞呢？」

九夷，是東方之夷，有九種，在這裡或是指高麗。孔子的意思是，君子既然要去居住，則那個地方的文明就會被開化出來；如此說來，則「仁」、「忠」、「信」在蠻陌之地，亦可通行。這說明了中國文化的普遍性。

雖然如此講，但居住在九夷之想法，並非如一般傳教、佈道的宗教家那樣，而是表現了孔子內心隱棲的願望。

※　　※

有變化就新，沒有變化就陳腐；變化就活潑，不變化就死板。人一輩子要有堅強的意志，飢餓和寒冷捆縛不住自己。貧窮不忘記情操，富貴要講究德行。

一八六、乘桴浮於海

道不行、乘桴浮于海。（公冶長）

孔子自歎不能行道於中國，而向弟子們說：「我的道不能推行，我想乘木筏到海外去，能跟我一起去的，只有由吧？」子路聽了，心裡很高興。孔子就說：「由啊！你比我還要好勇，就是不能裁度事理。」

這雖是孔子以玩笑表達的一章，卻顯露了孔子在平常就有這種想法。「海」和「九夷」，都是文化不及中原之地，對居中原之人而言，是個落後的地方，孔子想要去那種地方，是一種對行道絕望所產生的想法。

孔子雖然並沒有到九夷，也沒有乘桴，但孔子的確是有隱者的心情，就因為這樣，故而他對人類無窮的慾望，感到厭惡。

※　　※

砍斷手指以保存手腕，人們在權衡利弊時，總是選取利益當中最大的利益，害處當中最小的害處。

一八七、道不同，不相為謀

子曰：道不同、不相為謀。（衛靈公）

孔子說：「各人的理想，意見如果不同，那便無法在一起互相謀畫的。」

司馬遷在老子列傳中說：「在社會上，學老子的人排斥儒，學儒的人排斥老。這就是『道不同，不相為謀』的意思。」史記的伯夷叔齊列傳中也引用本章，來表示指責，人該按自己本身的意志生活。

司馬遷以為人走的路不同時，要相互了解，是困難的。不過有了此種基礎，則語言的功能可以活用起來，也是有可能的。

※　　※

志向一致的人，雖然彼此隔著高山大海，並不認為距離很遠，彼此信念不同，雖然相處在眼前，也說不上是近。

一八八、如不可求，從吾從好

子曰：富而可求也、雖執鞭之士、吾亦爲之。如不可求、從吾所好。

（述而）

孔子說：「富如果可以求得的話，就是執鞭這種微賤的工作，我也幹啊！如果不可以求得，還是依從我喜歡的去做吧！」

孔子當然不會把追求財富作為自己努力的目標，他的目標是「吾從好」，那就是曾子所講的「夫子之道，忠恕而已」，孔子的品德如子貢所說的，是溫、良、恭、儉、讓，不會和人爭取，但是，要實行自己的信念時，也不會順應大勢，是非常倔強的，不管社會如何變遷，要走自己的路，「君子和而不同，小人同而不和」，也就是這個意思。

「執鞭之士」，士，事也，就是駕車操鞭賤者之事。

一八九、富貴如浮雲

子曰：飯疏食、飲水、曲肱而枕之。樂亦在其中矣。不義而富且貴、於我如浮雲。（述而）

孔子說：「吃粗糙的飯，喝白開水，彎著肐膊當枕頭睡，樂趣也在其中了。以不合理的方法圖得的富貴，對我來說，只像天上的浮雲一般。」

孔子看到顏回居陋巷，並自得其樂，而加以讚歎。而孔子自己的生活也並不富裕，如他的兒子鯉死了，沒有外棺，然而孔子對自己的貧窮生活，並不以為意。

「不義而富且貴，於我如浮雲」這一句話，並不是強硬地辯論什麼，在當時，像「季氏富於周公」，仍苛征賦稅的例子是到處可見的，所以，這一則一定是孔子看到這樣的情形，有所感懷而發出的感歎。

※　※

一個人能夠遠離名利的生活感到恬適，他就算是有幾分真正的學問。也說明他精神世界豐富，內心十分充實。

一九〇、處處有忠信者

子曰：十室之邑，必有忠信如丘者焉。不如丘之好學也。（公冶長）

孔子說：「就是在一個只有十戶人家的小地方，也必定會有天性忠信和我一樣的人，但卻沒有人會像我一樣好學。」

孔子說：「吾十有五而志於學。」從那時起，就對自己喜愛用功，非常具有自信。孔子說：「默識，學不厭，誨不倦，何有於吾？」這是指孔子對累積思索，精進學問，熱心教三件事，並不感到困難。

司馬遷描寫孔子在陳蔡遇到危險時，仍讀書不輟，並且彈琴自娛，那並不是一種誇大之辭，而是孔子本來就喜愛讀書的一種性格的寫實。

※　　※

獨自鑽研學習，而不和別人研討，必然不會有深刻的見解和廣博的知識。道德智能極高的人，沒有固定的老師，誰有長處就向誰學習。

一九一、罔和殆

子曰：學而不思則罔。思而不學則殆。（為政）

孔子說：「只知學習，不加思索，終會迷惘而無所得。只靠思索，不知學習，那就會不切於事而發生危險了。」

這可以說是孔子的經驗談。的確，人是有學和思兩種不同的型態。

只知苦學的人，他們用功地搜集資料，敏捷地做著整理的工作，但這樣的人，若不再進一步思考，將會被資料所限制。相反的，思想派的人，對手邊資料所提供的訊息無興趣，通常根據少許的蛛絲馬跡加以推論，只對結論有興趣，而自以為已考慮周到，但從有經驗的人看來，難免因不週全而產生誤認。像這樣不是「罔」，就是「殆」，應從兩方求其調適。不過，孔子本身似乎較重視學的過程。

「吾嘗終日而思，不如須臾之所學」，就是進一步說明與其晝夜耽溺思索，沒有收穫，不如讀書，才是正道？

一九二、孔子自白不妄作

子曰：蓋有不知而作之者。我無是也。多聞擇其善者而從之、多見而識之。知之次也。（述而）

孔子說：「有些人對事理不明白而妄自創作的，我決不會這樣做。多聽人說，挑選其中好的去依從，多見識而記在心裡，這樣也可以次於上智的人了。」

這是孔子陳述本身學術研究的態度。孔子說：「生之資質者為上」，這就是天才！有這種稟賦的人，是最上；「學而知之者次」，這樣的人以用功來琢磨，是屬於次一階級的人。在本則中「知之次也」，是說因為學而知，不像天資敏銳的人，為拓寬自己的見聞，為知識而努力。孔子以「多聞闕疑」來教誨子張，以及孔子注重學，都說明了孔子是個實證主義的人。

※　※

不到處涉獵，只專注於一點，因此有收穫；不雜亂無章地學習，所以能透徹理解。

一九三、溫故知新

子曰：溫故知新、可以爲師矣。（為政）

孔子說：「能溫習以前所學的而領悟出新知，就可以做別人的師長了。」溫是尋鐸的意思，故是舊日所聞。原意是要人們溫習周公之典。溫故知新可以解釋為詳細考查以前的歷史，而汲取隱藏在歷史中的智慧；能這樣做的人，才具有作一個教育者和指導者的資格。

孔子表示出從溫習故舊而得的話有很多，如「好古敏求之者」，就是仰慕先人的事業，而去追求。在前則的「多聞擇其善者而從之」，也可以和「溫故知新」相併來看，不過「擇善而從之」有捨惡從善的意思在內。

※　　※

懂得就是懂得，不懂得就要老實承認不懂得，這才算是真正懂得。做學問，對知識挖掘得很深，就能取之不盡，用之不竭。

一九四、道聽塗說

子曰：道聽而塗說、德之棄也。（陽貨）

孔子說：「在路上聽來不確實的話，就照樣在路上講出去，這是自己遺棄道德的作法啊！」

塗同途。馬融說：「聞之於道路，則傳而說之。」故「道聽塗說」自然是不如「溫故知新」來得透徹，真正求知的人，對道聽途說之事，是不會採取的。

※　※

不積累無數的半步，不能達到千里遠；不積累無數的小溪流，無法形成大江大海。淵博的知識，是由一點一滴的學問積累起來的。

一九五、舉一隅不以三隅反

子曰：不憤不啓。不悱不發。舉一隅不以三隅反、則不復也。（述而）

孔子說：「不是心裏想求通而未通的，我不去啟示他。不是想說而說不出的，我不去開導他；如果舉一個角給他，他不能推想到其他三個角，這樣的人，我就不再教導他了。」

啟是打開蓋子，發是出發，啟發是指之動機。憤和悱是一種心理狀態，憤，心求通而未得；悱，口欲言而未能，啟和發是對憤和悱的人，給予幫助，而並不是直接教以知識，是以迂迴的方法，喚起對方好奇心的一種方式。

※　　　※

一個人同時用右手畫圓，左手畫方，結果必然是兩樣都畫不成。因此，成事貴於專一，一心不能二用。

一九六、學問求知，必虛心盡力

子曰：吾有知乎哉。無知也。有鄙夫、問於我、空空如也。我叩其兩端而竭焉。（子罕）

孔子說：「我有知識嗎？我所知的實在並不多，有個鄉下人來問我，他是那樣地誠懇，我把他發生懷疑的始末問清楚，然後再詳細地告訴他。」

孔子說：我無知也。並不是一種謙抑，而是孔子的一種自我認識，也就是把自己比喻成隨時可以寫上任何字的白紙，對知識，好像永遠是飢餓狀態，所以，他才說「不如丘之好學也」。對鄙夫的問題，孔子無法馬上回答，故而謂自己無知，然而當他們的態度是「空空如也」，對這樣的人，孔子只得敲其問題的終始，使明白疑問的真相，但並不給以知識的教育，而是另一種的啟發教育。

※　※

天天復習，學到的知識就不會忘掉。經常對自己提出要求加以勉勵，自己就不會落後。

一九七、聖與仁，則吾豈敢

子曰：若聖與仁、則吾豈敢。抑爲之不厭、誨人不倦、則可謂云爾已矣。公西華曰：正唯弟子不能學也。（述而）

孔子說：「如果說我是聖人或仁者，我怎麼敢當？不過說我在這方面不厭其煩地學，不懈怠地教人，倒還可以說是這樣的吧！」公西華說：「這正是弟子們所學不到的啊！」

子貢曾問孔子，能把人民從困窮中救出，就是仁嗎？孔子說，那樣不是仁，而是聖（見一〇七則）。孔子好學，是不斷地學，不倦地教，是說不論那一種對象都教，這一則也是他正面向人誇飾自己，公西華聽了，很感歎地說：「這兩件事是很困難的。」

人喜歡學習，死了精神還在；不喜歡學習，雖然活著，叫做沒有靈魂的屍體。

一九八、天何言哉

子曰：予欲無言。子貢曰：子如不言、則小子何述焉。子曰：天何言哉。四時行焉、百物生焉。天何言哉。（陽貨）

孔子說：「我想不再說話了！」子貢說：「如果老師不說話，那麼教弟子何從傳述呢？」孔子說：「天說了些什麼呢？然而四季運轉，萬物生滋，天可說些了什麼呢？」

這一則大概是孔子晚年的述懷吧！孔子經歷了兒子死，失去顏回、子路，在他的身邊，有著難以形容的寂寞，顏回死時，孔子說：「天喪予！」但是，上天是什麼都不講的，宇宙並沒有停下，只是不停地運轉，所以，孔子感到不再做用語言講的事，本來是教人不倦的孔子，說出了這樣的話，有著空虛的意思。

※　　※

做學問不應該止息，造就愈高愈不能驕傲。然而，人如果志向短淺，興趣狹窄；心思又不集中，即使學習也不會有成就。

一九九、後生可畏

子曰：後生可畏。焉知來者之不如今也。（子罕）

孔子說：「年輕人是可敬畏的，安知後輩的將來一定不如今天這一輩的人呢？假使到了四十、五歲仍然沒有成就，那也就不足敬畏了！」

年紀輕的時候是有希望的，但爾後的發展，不能說一定會比現在更好。孔子未曾以瞧不起的眼光來對待年輕弟子，或對年輕弟子的思想，予以正面的反駁。在他長久周遊的旅途上，他一直有回到魯國的意願，那是因為對這些有才能的弟子，必須為他們指引出一個方向。

孔子曾說：「在四、五十歲仍無法顯揚名聲，就不足以畏了。」因為，到了這樣年紀，若仍只是希望，就如空中樓閣，是空的，這也就是說，一個人的言行，必要得到一定的評價。如果到了四十歲，還被人嫌惡，這個人又有什麼值得敬畏的呢？

二〇〇、學而時習之

子曰：學而時習之、不亦說乎。有朋自遠方來、不亦樂乎。人不知而不慍、不亦君子乎。（學而）

孔子說：「把已經求得的學習，時時去溫習，不是很令人喜悅的嗎？有同道的朋友從遠處來，不是很快樂的嗎？別人不知道我的才學，我也不生氣，不是像一個成德的君子嗎？」

這是論語一書開始的一則。孔子把一生的時間都用作為政治理想而奔波，因此嚐盡了不少辛苦，但，如果把孔子看成是一位政治改革家和政治家，也是不太適合的。孔子被隱者譏諷為「四體不勤，五穀不分」的人，弟子中也有以他為迂的，一生中沒有被諸侯國重用，孔子並不因此而改變自己的作法，那是因為孔子以文化道統的傳承者自居，他一生認真的形象，就是由此一自我期許而產生。孔子自「十有五而志於學」的好學，在本則中描寫得很清楚。

大展出版社有限公司 品冠文化出版社	圖書目錄

地址：台北市北投區(石牌)
致遠一路二段 12 巷 1 號
郵撥：01669551＜大展＞
19346241＜品冠＞
電話：(02) 28236031
28236033
28233123
傳真：(02) 28272069

・少年偵探・品冠編號 66

1.	怪盜二十面相	（精）	江戶川亂步著	特價 189 元
2.	少年偵探團	（精）	江戶川亂步著	特價 189 元
3.	妖怪博士	（精）	江戶川亂步著	特價 189 元
4.	大金塊	（精）	江戶川亂步著	特價 230 元
5.	青銅魔人	（精）	江戶川亂步著	特價 230 元
6.	地底魔術王	（精）	江戶川亂步著	特價 230 元
7.	透明怪人	（精）	江戶川亂步著	特價 230 元
8.	怪人四十面相	（精）	江戶川亂步著	特價 230 元
9.	宇宙怪人	（精）	江戶川亂步著	特價 230 元
10.	恐怖的鐵塔王國	（精）	江戶川亂步著	特價 230 元
11.	灰色巨人	（精）	江戶川亂步著	特價 230 元
12.	海底魔術師	（精）	江戶川亂步著	特價 230 元
13.	黃金豹	（精）	江戶川亂步著	特價 230 元
14.	魔法博士	（精）	江戶川亂步著	特價 230 元
15.	馬戲怪人	（精）	江戶川亂步著	特價 230 元
16.	魔人銅鑼	（精）	江戶川亂步著	特價 230 元
17.	魔法人偶	（精）	江戶川亂步著	特價 230 元
18.	奇面城的秘密	（精）	江戶川亂步著	特價 230 元
19.	夜光人	（精）	江戶川亂步著	特價 230 元
20.	塔上的魔術師	（精）	江戶川亂步著	特價 230 元
21.	鐵人Q	（精）	江戶川亂步著	特價 230 元
22.	假面恐怖王	（精）	江戶川亂步著	特價 230 元
23.	電人M	（精）	江戶川亂步著	特價 230 元
24.	二十面相的詛咒	（精）	江戶川亂步著	特價 230 元
25.	飛天二十面相	（精）	江戶川亂步著	特價 230 元
26.	黃金怪獸	（精）	江戶川亂步著	特價 230 元

・生活廣場・品冠編號 61

1.	366 天誕生星	李芳黛譯	280 元
2.	366 天誕生花與誕生石	李芳黛譯	280 元
3.	科學命相	淺野八郎著	220 元
4.	已知的他界科學	陳蒼杰譯	220 元

5.	開拓未來的他界科學	陳蒼杰譯	220 元
6.	世紀末變態心理犯罪檔案	沈永嘉譯	240 元
7.	366 天開運年鑑	林廷宇編著	230 元
8.	色彩學與你	野村順一著	230 元
9.	科學手相	淺野八郎著	230 元
10.	你也能成為戀愛高手	柯富陽編著	220 元
11.	血型與十二星座	許淑瑛編著	230 元
12.	動物測驗—人性現形	淺野八郎著	200 元
13.	愛情、幸福完全自測	淺野八郎著	200 元
14.	輕鬆攻佔女性	趙奕世編著	230 元
15.	解讀命運密碼	郭宗德著	200 元
16.	由客家了解亞洲	高木桂藏著	220 元

・女醫師系列・品冠編號 62

1.	子宮內膜症	國府田清子著	200 元
2.	子宮肌瘤	黑島淳子著	200 元
3.	上班女性的壓力症候群	池下育子著	200 元
4.	漏尿、尿失禁	中田真木著	200 元
5.	高齡生產	大鷹美子著	200 元
6.	子宮癌	上坊敏子著	200 元
7.	避孕	早乙女智子著	200 元
8.	不孕症	中村春根著	200 元
9.	生理痛與生理不順	堀口雅子著	200 元
10.	更年期	野末悅子著	200 元

・傳統民俗療法・品冠編號 63

1.	神奇刀療法	潘文雄著	200 元
2.	神奇拍打療法	安在峰著	200 元
3.	神奇拔罐療法	安在峰著	200 元
4.	神奇艾灸療法	安在峰著	200 元
5.	神奇貼敷療法	安在峰著	200 元
6.	神奇薰洗療法	安在峰著	200 元
7.	神奇耳穴療法	安在峰著	200 元
8.	神奇指針療法	安在峰著	200 元
9.	神奇藥酒療法	安在峰著	200 元
10.	神奇藥茶療法	安在峰著	200 元
11.	神奇推拿療法	張貴荷著	200 元
12.	神奇止痛療法	漆 浩 著	200 元

・常見病藥膳調養叢書・品冠編號 631

1.	脂肪肝四季飲食	蕭守貴著	200 元

2.	高血壓四季飲食	秦玖剛著	200 元
3.	慢性腎炎四季飲食	魏從強著	200 元
4.	高脂血症四季飲食	薛輝著	200 元
5.	慢性胃炎四季飲食	馬秉祥著	200 元
6.	糖尿病四季飲食	王耀獻著	200 元
7.	癌症四季飲食	李忠著	200 元
8.	痛風四季飲食	魯焰主編	200 元
9.	肝炎四季飲食	王虹等著	200 元
10.	肥胖症四季飲食	李偉等著	200 元
11.	膽囊炎、膽石症四季飲食	謝春娥著	200 元

・彩色圖解保健・品冠編號 64

1.	瘦身	主婦之友社	300 元
2.	腰痛	主婦之友社	300 元
3.	肩膀痠痛	主婦之友社	300 元
4.	腰、膝、腳的疼痛	主婦之友社	300 元
5.	壓力、精神疲勞	主婦之友社	300 元
6.	眼睛疲勞、視力減退	主婦之友社	300 元

・心 想 事 成・品冠編號 65

1.	魔法愛情點心	結城莫拉著	120 元
2.	可愛手工飾品	結城莫拉著	120 元
3.	可愛打扮 & 髮型	結城莫拉著	120 元
4.	撲克牌算命	結城莫拉著	120 元

・熱 門 新 知・品冠編號 67

1.	圖解基因與 DNA	（精）	中原英臣主編	230 元
2.	圖解人體的神奇	（精）	米山公啟主編	230 元
3.	圖解腦與心的構造	（精）	永田和哉主編	230 元
4.	圖解科學的神奇	（精）	鳥海光弘主編	230 元
5.	圖解數學的神奇	（精）	柳 谷 晃著	250 元
6.	圖解基因操作	（精）	海老原充主編	230 元
7.	圖解後基因組	（精）	才園哲人著	230 元

・武 術 特 輯・大展編號 10

1.	陳式太極拳入門	馮志強編著	180 元
2.	武式太極拳	郝少如編著	200 元
3.	中國跆拳道實戰 100 例	岳維傳著	220 元
4.	教門長拳	蕭京凌編著	150 元
5.	跆拳道	蕭京凌編譯	180 元

6. 正傳合氣道	程曉鈴譯	200 元
8. 格鬥空手道	鄭旭旭編著	200 元
9. 實用跆拳道	陳國榮編著	200 元
10. 武術初學指南	李文英、解守德編著	250 元
11. 泰國拳	陳國榮著	180 元
12. 中國式摔跤	黃　斌編著	180 元
13. 太極劍入門	李德印編著	180 元
14. 太極拳運動	運動司編	250 元
15. 太極拳譜	清・王宗岳等著	280 元
16. 散手初學	冷　峰編著	200 元
17. 南拳	朱瑞琪編著	180 元
18. 吳式太極劍	王培生著	200 元
19. 太極拳健身與技擊	王培生著	250 元
20. 秘傳武當八卦掌	狄兆龍著	250 元
21. 太極拳論譚	沈　壽著	250 元
22. 陳式太極拳技擊法	馬　虹著	250 元
23. 二十四式 三十二式 太極 拳 劍	闞桂香著	180 元
24. 楊式秘傳 129 式太極長拳	張楚全著	280 元
25. 楊式太極拳架詳解	林炳堯著	280 元
26. 華佗五禽劍	劉時榮著	180 元
27. 太極拳基礎講座:基本功與簡化 24 式	李德印著	250 元
28. 武式太極拳精華	薛乃印著	200 元
29. 陳式太極拳拳理闡微	馬　虹著	350 元
30. 陳式太極拳體用全書	馬　虹著	400 元
31. 張三豐太極拳	陳占奎著	200 元
32. 中國太極推手	張　山主編	300 元
33. 48 式太極拳入門	門惠豐編著	220 元
34. 太極拳奇人奇功	嚴翰秀編著	250 元
35. 心意門秘籍	李新民編著	220 元
36. 三才門乾坤戊己功	王培生編著	220 元
37. 武式太極劍精華＋VCD	薛乃印編著	350 元
38. 楊式太極拳	傅鐘文演述	200 元
39. 陳式太極拳、劍 36 式	闞桂香編著	250 元
40. 正宗武式太極拳	薛乃印著	220 元
41. 杜元化＜太極拳正宗＞考析	王海洲等著	300 元
42. ＜珍貴版＞陳式太極拳	沈家楨著	280 元
43. 24 式太極拳＋VCD	中國國家體育總局著	350 元
44. 太極推手絕技	安在峰編著	250 元
45. 孫祿堂武學錄	孫祿堂著	300 元
46. ＜珍貴本＞陳式太極拳精選	馮志強著	280 元
47. 武當趙堡太極拳小架	鄭悟清傳授	250 元
48. 太極拳習練知識問答	邱丕相主編	220 元
49. 八法拳 八法槍	武世俊著	220 元
50. 地趟拳＋VCD	張憲政著	350 元

51. 四十八式太極拳＋VCD	楊 靜演示	400 元
52. 三十二式太極劍＋VCD	楊 靜演示	300 元
53. 隨曲就伸 中國太極拳名家對話錄	余功保著	300 元
54. 陳式太極拳五功八法十三勢	闞桂香著	200 元
55. 六合螳螂拳	劉敬儒等著	280 元
56. 古本新探華佗五禽戲	劉時榮編著	180 元
57. 陳式太極拳養生功＋VCD	陳正雷著	350 元
58. 中國循經太極拳二十四式教程	李兆生著	300 元
59. <珍貴本>太極拳研究	唐豪・顧留馨著	250 元
60. 武當三豐太極拳	劉嗣傳著	300 元
61. 楊式太極拳體用圖解	崔仲三編著	350 元
62. 太極十三刀	張耀忠編著	230 元
63. 和式太極拳譜＋VCD	和有祿編著	450 元

・彩色圖解太極武術・大展編號 102

1. 太極功夫扇	李德印編著	220 元
2. 武當太極劍	李德印編著	220 元
3. 楊式太極劍	李德印編著	220 元
4. 楊式太極刀	王志遠著	220 元
5. 二十四式太極拳（楊式）＋VCD	李德印編著	350 元
6. 三十二式太極劍（楊式）＋VCD	李德印編著	350 元
7. 四十二式太極劍＋VCD	李德印編著	350 元
8. 四十二式太極拳＋VCD	李德印編著	350 元
9. 16 式太極拳 18 式太極劍＋VCD	崔仲三著	350 元
10. 楊氏 28 式太極拳＋VCD	趙幼斌著	350 元
11. 楊式太極拳 40 式＋VCD	宗維潔編著	350 元
12. 陳式太極拳 56 式＋VCD	黃康輝等著	350 元
13. 吳式太極拳 45 式＋VCD	宗維潔編著	350 元
14. 精簡陳式太極拳 8 式、16 式	黃康輝編著	220 元
15. 精簡吳式太極拳<36 式拳架・推手>	柳恩久主編	220 元
16. 夕陽美功夫扇	李德印著	220 元

・國際武術競賽套路・大展編號 103

1. 長拳	李巧玲執筆	220 元
2. 劍術	程慧琨執筆	220 元
3. 刀術	劉同為執筆	220 元
4. 槍術	張躍寧執筆	220 元
5. 棍術	殷玉柱執筆	220 元

・簡化太極拳・大展編號 104

1. 陳式太極拳十三式	陳正雷編著	200 元

2.	楊式太極拳十三式	楊振鐸編著	200 元
3.	吳式太極拳十三式	李秉慈編著	200 元
4.	武式太極拳十三式	喬松茂編著	200 元
5.	孫式太極拳十三式	孫劍雲編著	200 元
6.	趙堡太極拳十三式	王海洲編著	200 元

・中國當代太極拳名家名著・大展編號 106

1.	李德印太極拳規範教程	李德印著	550 元
2.	王培生吳式太極拳詮真	王培生著	500 元
3.	喬松茂武式太極拳詮真	喬松茂著	450 元
4.	孫劍雲孫式太極拳詮真	孫劍雲著	350 元
5.	王海洲趙堡太極拳詮真	王海洲著	500 元
6.	鄭琛太極拳道詮真	鄭琛著	450 元

・名師出高徒・大展編號 111

1.	武術基本功與基本動作	劉玉萍編著	200 元
2.	長拳入門與精進	吳彬等著	220 元
3.	劍術刀術入門與精進	楊柏龍等著	220 元
4.	棍術、槍術入門與精進	邱丕相編著	220 元
5.	南拳入門與精進	朱瑞琪編著	220 元
6.	散手入門與精進	張山等著	220 元
7.	太極拳入門與精進	李德印編著	280 元
8.	太極推手入門與精進	田金龍編著	220 元

・實用武術技擊・大展編號 112

1.	實用自衛拳法	溫佐惠著	250 元
2.	搏擊術精選	陳清山等著	220 元
3.	秘傳防身絕技	程崑彬著	230 元
4.	振藩截拳道入門	陳琦平著	220 元
5.	實用擒拿法	韓建中著	220 元
6.	擒拿反擒拿 88 法	韓建中著	250 元
7.	武當秘門技擊術入門篇	高翔著	250 元
8.	武當秘門技擊術絕技篇	高翔著	250 元
9.	太極拳實用技擊法	武世俊著	220 元

・中國武術規定套路・大展編號 113

1.	螳螂拳	中國武術系列	300 元
2.	劈掛拳	規定套路編寫組	300 元
3.	八極拳	國家體育總局	250 元
4.	木蘭拳	國家體育總局	230 元

・中華傳統武術・大展編號 114

1.	中華古今兵械圖考	裴錫榮主編	280 元
2.	武當劍	陳湘陵編著	200 元
3.	梁派八卦掌（老八掌）	李子鳴遺著	220 元
4.	少林 72 藝與武當 36 功	裴錫榮主編	230 元
5.	三十六把擒拿	佐藤金兵衛主編	200 元
6.	武當太極拳與盤手 20 法	裴錫榮主編	220 元

・少 林 功 夫・大展編號 115

1.	少林打擂秘訣	德虔、素法編著	300 元
2.	少林三大名拳 炮拳、大洪拳、六合拳	門惠豐等著	200 元
3.	少林三絕 氣功、點穴、擒拿	德虔編著	300 元
4.	少林怪兵器秘傳	素法等著	250 元
5.	少林護身暗器秘傳	素法等著	220 元
6.	少林金剛硬氣功	楊維編著	250 元
7.	少林棍法大全	德虔、素法編著	250 元
8.	少林看家拳	德虔、素法編著	250 元
9.	少林正宗七十二藝	德虔、素法編著	280 元
10.	少林瘋魔棍闡宗	馬德著	250 元
11.	少林正宗太祖拳法	高翔著	280 元
12.	少林拳技擊入門	劉世君編著	220 元
13.	少林十路鎮山拳	吳景川主編	300 元

・迷蹤拳系列・大展編號 116

1.	迷蹤拳（一）+VCD	李玉川編著	350 元
2.	迷蹤拳（二）+VCD	李玉川編著	350 元
3.	迷蹤拳（三）	李玉川編著	250 元
4.	迷蹤拳（四）+VCD	李玉川編著	580 元

・原地太極拳系列・大展編號 11

1.	原地綜合太極拳 24 式	胡啟賢創編	220 元
2.	原地活步太極拳 42 式	胡啟賢創編	200 元
3.	原地簡化太極拳 24 式	胡啟賢創編	200 元
4.	原地太極拳 12 式	胡啟賢創編	200 元
5.	原地青少年太極拳 22 式	胡啟賢創編	220 元

・道 學 文 化・大展編號 12

1.	道在養生：道教長壽術	郝勤等著	250 元
2.	龍虎丹道：道教內丹術	郝勤著	300 元

3. 天上人間：道教神仙譜系　黃德海著　250 元
4. 步罡踏斗：道教祭禮儀典　張澤洪著　250 元
5. 道醫窺秘：道教醫學康復術　王慶餘等著　250 元
6. 勸善成仙：道教生命倫理　李剛著　250 元
7. 洞天福地：道教宮觀勝境　沙銘壽著　250 元
8. 青詞碧簫：道教文學藝術　楊光文等著　250 元
9. 沈博絕麗：道教格言精粹　朱耕發等著　250 元

・易學智慧・大展編號 122

1. 易學與管理　余敦康主編　250 元
2. 易學與養生　劉長林等著　300 元
3. 易學與美學　劉綱紀等著　300 元
4. 易學與科技　董光壁著　280 元
5. 易學與建築　韓增祿著　280 元
6. 易學源流　鄭萬耕著　280 元
7. 易學的思維　傅雲龍等著　250 元
8. 周易與易圖　李申著　250 元
9. 中國佛教與周易　王仲堯著　350 元
10. 易學與儒學　任俊華著　350 元
11. 易學與道教符號揭秘　詹石窗著　350 元
12. 易傳通論　王博著　250 元
13. 談古論今說周易　龐鈺龍著　280 元
14. 易學與史學　吳懷祺著　230 元

・神算大師・大展編號 123

1. 劉伯溫神算兵法　應涵編著　280 元
2. 姜太公神算兵法　應涵編著　280 元
3. 鬼谷子神算兵法　應涵編著　280 元
4. 諸葛亮神算兵法　應涵編著　280 元

・鑑往知來・大展編號 124

1. 《三國志》給現代人的啟示　陳羲主編　220 元
2. 《史記》給現代人的啟示　陳羲主編　220 元

・秘傳占卜系列・大展編號 14

1. 手相術　淺野八郎著　180 元
2. 人相術　淺野八郎著　180 元
3. 西洋占星術　淺野八郎著　180 元
4. 中國神奇占卜　淺野八郎著　150 元
5. 夢判斷　淺野八郎著　150 元

7.	法國式血型學	淺野八郎著	150 元
8.	靈感、符咒學	淺野八郎著	150 元
9.	紙牌占卜術	淺野八郎著	150 元
10.	ESP 超能力占卜	淺野八郎著	150 元
11.	猶太數的秘術	淺野八郎著	150 元
13.	塔羅牌預言秘法	淺野八郎著	200 元

・趣味心理講座・大展編號 15

1.	性格測驗（1） 探索男與女	淺野八郎著	140 元
2.	性格測驗（2） 透視人心奧秘	淺野八郎著	140 元
3.	性格測驗（3） 發現陌生的自己	淺野八郎著	140 元
4.	性格測驗（4） 發現你的真面目	淺野八郎著	140 元
5.	性格測驗（5） 讓你們吃驚	淺野八郎著	140 元
6.	性格測驗（6） 洞穿心理盲點	淺野八郎著	140 元
7.	性格測驗（7） 探索對方心理	淺野八郎著	140 元
8.	性格測驗（8） 由吃認識自己	淺野八郎著	160 元
9.	性格測驗（9） 戀愛知多少	淺野八郎著	160 元
10.	性格測驗（10）由裝扮瞭解人心	淺野八郎著	160 元
11.	性格測驗（11）敲開內心玄機	淺野八郎著	140 元
12.	性格測驗（12）透視你的未來	淺野八郎著	160 元
13.	血型與你的一生	淺野八郎著	160 元
14.	趣味推理遊戲	淺野八郎著	160 元
15.	行為語言解析	淺野八郎著	160 元

・婦 幼 天 地・大展編號 16

1.	八萬人減肥成果	黃靜香譯	180 元
2.	三分鐘減肥體操	楊鴻儒譯	150 元
3.	窈窕淑女美髮秘訣	柯素娥譯	130 元
4.	使妳更迷人	成　玉譯	130 元
5.	女性的更年期	官舒妍編譯	160 元
6.	胎內育兒法	李玉瓊編譯	150 元
7.	早產兒袋鼠式護理	唐岱蘭譯	200 元
9.	初次育兒 12 個月	婦幼天地編譯組	180 元
10.	斷乳食與幼兒食	婦幼天地編譯組	180 元
11.	培養幼兒能力與性向	婦幼天地編譯組	180 元
12.	培養幼兒創造力的玩具與遊戲	婦幼天地編譯組	180 元
13.	幼兒的症狀與疾病	婦幼天地編譯組	180 元
14.	腿部苗條健美法	婦幼天地編譯組	180 元
15.	女性腰痛別忽視	婦幼天地編譯組	150 元
16.	舒展身心體操術	李玉瓊編譯	130 元
17.	三分鐘臉部體操	趙薇妮著	160 元
18.	生動的笑容表情術	趙薇妮著	160 元

國家圖書館出版品預行編目資料

『論語』給現代人的啟示／陳羲主編
—初版—臺北市，大展，民 94
面；21 公分—（鑑往知來；3）
ISBN 957-468-352-4（平裝）
1. 論語—研究與考訂
121.227　　93021416

（鑑往知來 3）

『論語』給現代人的啟示　　ISBN 957-468-352-4

主 編 者／陳　羲
發 行 人／蔡 森 明
出 版 者／大展出版社有限公司
社　　址／台北市北投區（石牌）致遠一路 2 段 12 巷 1 號
電　　話／(02) 28236031・28236033・28233123
傳　　真／(02) 28272069
郵政劃撥／01669551
網　　址／www.dah-jaan.com.tw
E-mail／service@dah-jaan.com.tw
登 記 證／局版臺業字第 2171 號
承 印 者／高星印刷品行
裝　　訂／協億印製廠股份有限公司
排 版 者／千兵企業有限公司
初版1刷／2005 年（民 94 年） 2 月

定　價／220 元